Birgit Friedl

Unternehmensplanung

Birgit Friedl

UNTERNEHMENSPLANUNG

2., vollständig
überarbeitete Auflage

UVK Verlagsgesellschaft mbH
Konstanz und München

Prof. Dr. Birgit Friedl lehrt an der Christian-Albrechts-Universität zu Kiel.

Bibliografische Information der Deutschen Bibliothek
Die Deutsche Bibliothek verzeichnet diese Publikation in der
Deutschen Nationalbibliografie; detaillierte bibliografische Daten
sind im Internet über <http://dnb.ddb.de> abrufbar.

ISBN 978-3-86764-747-2 (Print)
ISBN 978-3-7398-0196-4 (EPUB)
ISBN 978-3-7398-0197-1 (EPDF)

Das Werk einschließlich aller seiner Teile ist urheberrechtlich
geschützt. Jede Verwertung außerhalb der engen Grenzen des
Urheberrechtsgesetzes ist ohne Zustimmung des Verlages
unzulässig und strafbar. Das gilt insbesondere für Vervielfältigungen,
Übersetzungen, Mikroverfilmungen und die Einspeicherung und
Verarbeitung in elektronischen Systemen.

© UVK Verlagsgesellschaft mbH, Konstanz und München 2017

Einbandgestaltung: Susanne Fuellhaas, Konstanz
Printed in Germany

UVK Verlagsgesellschaft mbH
Schützenstr. 24 · 78462 Konstanz
Tel. 07531-9053-0 · Fax 07531-9053-98
www.uvk.de

Vorwort

Die Planung ist eine Managementfunktion mit der Aufgabe, die Ziele, die in einem vorgegebenen Zeitraum erreicht werden sollen, sowie die Handlungen zur Erreichung dieser Ziele festzulegen. Sie kann als die vor der Realisation liegende gedankliche Vorbereitung des Handelns verstanden werden. Die Funktionen, denen die Planung dienen soll, sind vielfältig. Aus der Perspektive des Controlling ist vor allem der Beitrag der Planung zur Koordination differenzierter und dezentralisierter Entscheidungen in der Unternehmung von Interesse. In Unternehmungen wird jedoch nicht ein Gesamtplan in einem einzelnen Planungsprozess erstellt, in dem alle Entscheidungen über die Handlungen zur Zielerreichung vor der Realisation gedanklich vorbereitet und abgestimmt werden können. Planungsprozesse können in allen Unternehmungsbereichen und auf allen Ebenen der Managementhierarchie durchgeführt werden, deren Ergebnisse sachlich und zeitlich abgegrenzte Teilpläne sind. Nach einer Kennzeichnung der Planung und ihrer Funktionen wird gezeigt, wie eine differenzierte und dezentralisierte Planung zur Koordination der Entscheidungen in der Unternehmung beitragen kann.

Inhaltsverzeichnis

Vorwort 5

1 Planung als Managementfunktion 9

1.1 Abgrenzung des Managements 10

1.2 Kennzeichnung der Planung 19

1.3 Ergänzung der Planung durch die Kontrolle 40

2 Merkmale von Planungssystemen 47

2.1 Elemente von Planungssystemen 48

2.2 Inhaltliche Merkmale von Planungssystemen 51

2.3 Organisatorische Merkmale von Planungssystemen 95

Literaturverzeichnis 127

Stichwortverzeichnis 135

1 Planung als Managementfunktion

1.1 Abgrenzung des Managements

1.1.1 Notwendigkeit des Managements

Aufgabe einer Unternehmung ist die technische Erstellung von Sach- und Dienstleistungen und ihre marktliche Verwertung zur Erreichung von Zielen. Die Aktivitäten der Erstellung und Verwertung dieser Leistungen bilden den **Unternehmungsprozess**. Er kann in folgende Phasen gegliedert werden, die über Geld- und Güterströme verbunden sind: die Beschaffung finanzieller Mittel, die Beschaffung der sonstigen Einsatzgüter, die Produktion, den Absatz und die Ablösung finanzieller Verpflichtungen (vgl. Kosiol [Unternehmung] 28 ff., 127 ff.).

Die Ziele, die mit dem Unternehmungsprozess angestrebt werden, legen die Unternehmungen selbst fest. Die Gestaltung des Vollzugs des Unternehmungsprozesses zur bestmöglichen Erreichung der gesetzten Ziele liegt ebenso in der Verantwortung der Unternehmungen. Die Festlegung der Ziele und die Gestaltung eines zielorientierten Vollzugs des Unternehmungsprozesses sind die **Aufgaben des Managements** der Unternehmung. Bei der Gestaltung eines zielorientierten Vollzugs des Unternehmungsprozesses steht das Management den folgenden Herausforderungen gegenüber:

- Der Unternehmungsprozess wird arbeitsteilig vollzogen.
- Die Mitarbeiter verfolgen bei ihrer Arbeit auch individuelle Ziele, die im Konflikt zu den Zielen der Unternehmung stehen können.

Durch die **Arbeitsteilung** führen die Mitarbeiter immer nur Teilaufgaben aus. Diese Teilaufgaben sind jedoch nicht unabhängig voneinander. Die Aktivitäten eines Mitarbeiters können Einfluss auf die Aktivitäten mindestens eines anderen Mitarbeiters haben.

> Diese Abhängigkeiten zwischen den Teilaufgaben verschiedener Mitarbeiter werden als **Sachinterdependenzen** bezeichnet.

Ursachen von Sachinterdependenzen können sein (vgl. Frese/Graumann/Theuvsen [Organisation] 112 ff.): Lieferbeziehungen zwischen den Mitarbeitern, Konkurrenz der Mitarbeiter um knappe Ressourcen und die gemeinsame, jedoch nicht konkurrierende Nutzung von Ressourcen durch die Mitarbeiter. Nach diesen Ursachen werden folgende **Arten von Sachinterdependenzen** unterschieden:

[1] Prozessverbund

Ursache eines Prozessverbundes sind innerbetriebliche Leistungsverflechtungen, wie sie z. B. zwischen der Teilefertigung und der Montage, der Beschaffung und der Produktion sowie zwischen der Produktion und dem Absatz bestehen. Sind die den Mitarbeitern zugewiesenen Teilaufgaben über Leistungsverflechtungen verbunden, verlangt eine vollständige, korrekte und fristgerechte Erfüllung der Gesamtaufgabe die quantitative, qualitative und zeitliche Abstimmung des Vollzugs der Teilaufgaben.

[2] Restriktionenverbund

Ein Restriktionenverbund liegt vor, wenn bei der gemeinsamen Nutzung von Ressourcen oder Märkten durch verschiedene Mitarbeiter Engpässe entstehen. Die Nutzung der Ressourcen oder Märkte durch einen Mitarbeiter verringern in diesem Fall die Nutzungsmöglichkeiten der anderen Mitarbeiter. Gemeinsam genutzte Ressourcen können sein: Betriebsmittel, Leistungen eines Unternehmungsbereichs (z. B. IT) oder die finanziellen Mittel, die in der Unternehmung für Investitionen zur Verfügung stehen. Um die Zielerreichung zu gewährleisten, müssen diese Ressourcen in die jeweils optimale Verwendung gelenkt werden.

[3] Zielverbund

Ein Zielverbund entsteht, wenn bei der gemeinsamen Nutzung von Ressourcen oder Märkten Verbundvorteile entstehen. Unter einem **Verbundvorteil** wird der höhere Zielbeitrag verstanden, der bei gemeinsamer Nutzung der Ressourcen oder Märkte im Vergleich zur getrennten Nutzung erzielt wird. Als Beispiel für einen solchen Verbundvorteil können die Mengenrabatte genannt werden, die bei gemeinsamer Beschaffung einer Materialart für Produkte mehrerer Werke durchgesetzt werden können. Teilaufgaben, zwischen denen ein Zielverbund besteht, müssen zur Zielerreichung quantitativ, qualitativ und zeitlich so aufeinander abgestimmt werden, dass die Verbundvorteile realisiert werden können.

Jeder Mitarbeiter der Unternehmung hat seine individuellen Ziele, die er auch bei der Arbeit zu erfüllen sucht (z. B. Einkommens- und Aufstiegsziele). Da die **individuellen Ziele** im Konflikt zu den Zielen der Unternehmung stehen können, kann das Arbeitsverhalten der Mitarbeiter eine Abweichung von den verfolgten Zielen verursachen. Das Arbeitsverhalten der Mitarbeiter muss deshalb an den Zielen der Unternehmung ausgerichtet werden (vgl. Weibler [Personalführung] 94 f.).

Aus der Arbeitsteilung und der Möglichkeit eines nicht zielkonformen Arbeitsverhaltens der Mitarbeiter folgt die Notwendigkeit der horizontalen und vertikalen **Koordination der Aktivitäten im Unternehmungsprozess.** Die horizontale Koordination ist die Abstimmung arbeitsteilig ausgeführter interdependenter Aktivitäten im Hinblick auf das Ziel der Unternehmung. Die vertikale Koordination bezeichnet die Ausrichtung der Aktivitäten der Mitarbeiter an den Zielen der Unternehmung (vgl. Rühli [Koordination] 1166). Neben der Festlegung der Ziele ist des deshalb Aufgabe des Managements, die Erreichung dieser Ziele durch die Koordination der von jedem einzelnen Mitarbeiter ausgeführten Aktivitäten zu sichern.

> **Management** ist die Gesamtheit der Aufgaben zur Festlegung von Zielen und der Sicherstellung der Zielerreichung durch Mitarbeiter und mit Mitarbeitern in einem arbeitsteilig ausgeführten Unternehmungsprozess.

Wird das Management nicht als Funktion, sondern als Institution abgegrenzt, umfasst es den Personenkreis in der Unternehmung, der zur Ausführung von Managementaufgaben berechtigt ist, d. h. der über **Leitungsbefugnisse** verfügt. Folgende Befugnisse zählen zu den Leitungsbefugnissen (vgl. Krüger [Organisation] 49):

- Befugnis zur Fremdentscheidung: Sie berechtigt zu Entscheidungen, die von Mitarbeitern zu realisieren sind.
- Weisungsbefugnis: Sie ist das Recht, den Mitarbeitern Anordnungen zur Realisation der getroffenen Entscheidungen zu erteilen.

■ Befugnisse zur Fremdkontrolle: Sie autorisieren zur Kontrolle der Mitarbeiter hinsichtlich der ordnungsgemäßen Realisation der angewiesenen Entscheidungen.

1.1.2 Funktionen des Managements

Zur Erfüllung seiner Aufgaben führt das Management eine Vielzahl verschiedenartiger Aktivitäten aus, die sich zu den folgenden fünf Managementfunktionen zusammenfassen lassen (vgl. Koontz/Weihrich [Management] 15 ff.):

[1] Planung

Es werden die Ziele festgelegt sowie die Handlungen, die zur Realisation dieser Ziele ausgeführt werden sollen. Beginnend mit der Zielplanung wird eine Folge von Plänen mit immer detaillierteren und präziseren inhaltlichen, mengenmäßigen und zeitlichen Angaben zu den Handlungen erstellt, die zur Zielerreichung durchgeführt werden sollen.

[2] Organisation

Die Aufgaben, die zur Realisation der Ziele auszuführen sind, werden spezifiziert und zu Aufgabeneinheiten (Stellen) zusammengefasst, die von einem Mitarbeiter bewältigt werden können. Die Stellen werden mit den zur Aufgabenerfüllung erforderlichen Befugnissen ausgestattet. Es werden Regelungen zur Verknüpfung der Stellen sowie zum Aufgabenvollzug festgelegt.

[3] Personaleinsatz

Damit die Aufgaben plangemäß ausgeführt werden können, sind die geschaffenen Stellen anforderungsgerecht zu besetzen. Das verlangt nach einer Analyse der Anforderungen, die ein Arbeitsplatz an die Mitarbeiter stellt, sowie die Auswahl und Qualifizierung geeigneter Mitarbeiter.

[4] Führung

Zur Sicherung der plangemäßen Ausführung der Aufgaben ist Einfluss auf das Arbeitsverhalten der Mitarbeiter zu nehmen, um es an den Zielen auszurichten.

[5] Kontrolle

Um die Realisation des Plans zu sichern, werden Informationen über die Aufgabenerfüllung erfasst und ausgewertet. Genutzt werden die Informationen zur Beeinflussung des Arbeitsverhaltens von Mitarbeitern und bei erwarteten oder bereits eingetretenen Planabweichungen zur Korrektur der Planung, der Organisation, des Personaleinsatzes oder der Führung (vgl. Frese [Unternehmungsführung] 184 f.). Kontrollen finden auf individueller und institutioneller Ebene statt. Kontrollen auf **individueller Ebene** beziehen sich auf konkrete Mitarbeiter und ihr tatsächliches Arbeitsverhalten (vgl. Bleicher/Meyer [Führung] 65 ff.). Sie dienen der Durchsetzung der aus den Plänen resultierenden Anforderungen an das Arbeitsverhalten der Mitarbeiter. Auf der **institutionellen Ebene** werden die Planungs- und Realisationsprozesse kontrolliert, um Abweichungen von den Plänen und ihre Ursachen festzustellen (vgl. Siegwart/Menzl [Kontrolle] 105 ff.).

Dieser Gliederung der Aktivitäten des Managements liegt die Vorstellung einer linearen Abfolge der Managementfunktionen als Phasen eines Managementprozesses mit der Planung als Primärfunktion zugrunde (vgl. Schreyögg [Managementprozess] 258 f.). Nach dieser Vorstellung beginnt der Managementprozess mit der Planung. Sie bildet einen Orientierungsrahmen für alle weiteren Managementfunktionen, d. h., alle anderen Managementfunktionen richten sich an den Ergebnissen der Planung aus. Die Phasen des Managementprozesses sind durch eine Vielzahl von Informationsströmen untereinander, mit dem Unternehmungsprozess und der Umwelt verbunden. Abb. 1 veranschaulicht diese Vorstellung vom Managementprozess. Sie zeigt eine **idealtypische Struktur der Managementaktivitäten** und keine Beschreibung realer Abläufe im Management.

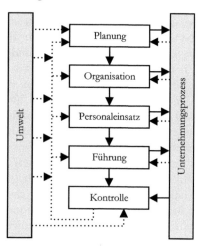

Abb. 1: Managementprozess

Die Festlegung von Zielen und Handlungen zu ihrer Realisation, die Organisation, die Übertragung von Aufgaben auf Mitarbeiter, die Festlegung von Anordnungen sowie von Handlungen zur Korrektur von Abweichungen erfordern Entscheidungen. Entscheidungen sind damit in jeder Phase des Managementprozesses zu treffen. Die **Entscheidungsfindung** kann deshalb als eine phasenübergreifende Managementfunktion verstanden werden (vgl. Robbins/Coulter [Management] 77 f.). Bei einer Entscheidung handelt es sich generell um die an bestimmten Zielen ausgerichtete Auswahl derjenigen Handlungsmöglichkeit, die realisiert werden soll, um einen Ausgangszustand in einen angestrebten Endzustand zu überführen. Die Entscheidungsfindung vollzieht sich durch Aktivitäten, die zu den folgenden Phasen eines Entscheidungsprozesses zusammengefasst werden können (vgl. Witte [Entscheidungsprozess] 915; Laux/Liermann [Organisation] 33 f.): Identifikation des Entscheidungsproblems, Festlegung der Ziele, Entwicklung der Handlungsalternativen, Bewertung der Handlungsalternativen sowie Auswahl der zu realisierenden Handlungsalternative.

1.1.3 Delegation und Managementhierarchie

Die Leitungsbefugnisse können bei einer Person oder einer Gruppe zusammengefasst sein. Leitungsbefugnisse können jedoch auch delegiert werden. Bei der **Delegation** überträgt ein Vorgesetzter Leitungsbefugnisse an einen Mitarbeiter. Durch die Delegation von Leitungsbefugnissen entsteht eine **Managementhierarchie** (vgl. Abb. 2). Als Ebenen dieser Hierarchie werden das obere, das mittlere und das untere Management (Top, Middle, Lower Management) unterschieden. Das obere Management erteilt Anweisungen, ihm werden jedoch keine Anweisungen erteilt. Es unterliegt allenfalls der Kontrolle durch den Aufsichtsrat oder die Eigentümer, die nicht mit der Geschäftsführung betraut sind. Das mittlere Management erhält einerseits Anweisungen von einer übergeordneten Managementebene. Andererseits erteilt es Mitarbeitern Anweisungen, die ebenfalls dem Personenkreis des Managements angehören. Vom mittleren unterscheidet sich das untere Management dadurch, dass es nur noch Mitarbeiter anweist, die ausschließlich Ausführungsaufgaben im Unternehmungsprozess erfüllen und über keine Leitungsbefugnisse verfügen.

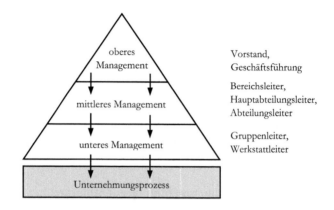

Abb. 2: Managementhierarchie

Durch die Delegation von Leitungsbefugnissen entstehen innerhalb der Unternehmung **Verantwortungsbereiche**. Das sind Unternehmungsbereiche, die von einem Manager der mittleren oder unteren Hierarchieebene geleitet werden. Die Bereichsleiter verfügen in ihrem Bereich über Leitungsbefugnisse und sind für die Erreichung der Ziele des Unternehmungsbereichs verantwortlich (Anthony/Govindarajan [Management] 128 ff.; Ewert/Wagenhofer [Unternehmensrechnung] 393).

1.2 Kennzeichnung der Planung

1.2.1 Merkmale der Planung

Bei der Planung als Managementfunktion werden für einen vorgegebenen künftigen Zeitraum die Ziele der Unternehmung und die Handlungen festgelegt, die zur Erreichung dieser Ziele durchgeführt werden sollen. Das Ergebnis der Planung gibt Auskunft darüber, was künftig getan werden soll und warum es getan werden soll (vgl. Robbins/Coulter [Management] 248). Die **Planung** kann als die vor der Realisation liegende gedankliche Vorbereitung des Handelns verstanden werden. Genauer beschrieben werden kann die Planung durch die folgenden Merkmale (vgl. Wild [Unternehmungsplanung] 13 f.; Fandel [Unternehmensplanung] 480):

[1] **Zukunftsbezogenheit**
Planung wertet die Chancen und Risiken der erwarteten Entwicklung der Unternehmung und ihrer Umwelt während des Planungszeitraums aus. Planung baut damit auf Erwartungen und Prognosen über die Entwicklung der Unternehmung und ihrer Umwelt auf.

[2] **Gestaltungscharakter**
Planung versucht, Handlungsmöglichkeiten zu erarbeiten, mit denen identifizierte Chancen genutzt und drohende Risiken vermindert werden können, um die gesetzten Ziele bestmöglich zu erreichen.

[3] **Rationalität**
Planung ist bewusstes, zielgerichtetes Denken in einem

Problemlösungsprozess, der durch methodisch-systematisches Vorgehen gekennzeichnet ist.

[4] Prozesscharakter
Planung ist eine Abfolge verketteter Aktivitäten, die der Zielbildung, der Problemerkennung und -analyse sowie der Problemlösung dienen. Verkettet sind die Aktivitäten über die Informationen, die durch eine Aktivität gewonnen und bei der Erfüllung nachfolgender Aktivitäten verwendet werden.

[5] Informationeller Charakter
Planung umfasst die Gewinnung, Aufnahme, Verarbeitung und Übermittlung von Informationen (vgl. Witte [Entscheidungsprozesse] 915).

> **Planung** ist ein systematisch und rational durchgeführter informationsverarbeitender Prozess zur Festlegung der Ziele sowie der Handlungen, die bei der im Planungszeitraum erwarteten Unternehmungs- und Umweltentwicklung zur Erreichung dieser Ziele ausgeführt werden sollen.

Die Planung ist von der **Entscheidungsfindung** abzugrenzen. Wie in allen anderen Phasen des Managementprozesses werden auch bei der Planung Entscheidungen getroffen. Die Entscheidungsfindung ist damit auch ein Bestandteil des Planungsprozesses. Generell zielt Entscheidungsfindung auf die Lösung eines Entscheidungsproblems. Ursache eines Entscheidungsproblems ist eine erwartete oder bereits eingetretene negative Abweichung oder eine sich bietende Möglichkeit zu einer positiven Abweichung von einem angestrebten Endzustand. Die Entscheidungsfindung setzt damit voraus, dass der angestrebte Endzustand festliegt. Aufgabe der Planung ist es dagegen, den in einem künftigen Zeitraum anzustrebenden Endzustand in der Form von Zielen und Handlungen zur Zielerreichung zu definieren. Die Handlungen zur Zielerreichung können im Rahmen der Planung sehr detailliert, aber auch nur global geplant werden. Global geplante Handlungen werden durch Entscheidungen detailliert, die während des Planungszeitraums getroffen werden. Ein Verzicht auf Planung hätte zur Folge, dass auf aktuelle Veränderungen der Unternehmungs- und Umweltbedingungen reagiert wird, um Ziele zu erreichen, die nicht mehr sind als eine Absicht oder eine vage Vorstellung von einem wünschenswerten Ergebnis.

Ein Gegenstand der Planung ist z. B. das Produktionsprogramm der Unternehmung. Ergebnis der **Programmplanung** ist die Zusammenstellung der von der Unternehmung im Planungszeitraum zu produzierenden Menge jeder geforderten Produktart (vgl. Kern [Produktionswirtschaft] 142). Nach der Planung des Produktionsprogramms für den Planungszeitraum können Aufträge eingehen, die aus dem geplanten Produktionsprogramm nicht erfüllt werden können und kurzfristiger Natur sind. Die Entscheidung über die Annahme oder Ablehnung solcher **Zusatzaufträge** (vgl. Kilger [Plankostenrechnung] 845) wird während des Planungszeitraums getroffen und ist das Ergebnis einer Entscheidungsfindung.

Das informatorische Ergebnis der Planung ist der **Plan**. Er enthält Aussagen zu den Bestimmungsmerkmalen künftigen Handelns, die im Planungsprozess inhaltlich bestimmt worden sind. Ein Plan sollte Aussagen zu mindestens folgenden Merkmalen machen (vgl. Wild [Unternehmungsplanung] 14, 49 ff.):

[1] Ziele

Ziele geben Auskunft über das mit dem künftigen Handeln angestrebte Ergebnis und den Zeitpunkt, bis zu dem es erreicht werden soll. Die Angaben zu den Zielen erstrecken sich auf das Zielobjekt, die Zieleigenschaft, den Zielmaßstab, die Zielfunktion und den zeitlichen Bezug. Mit dem Zielobjekt wird der sachliche Geltungsbereich des Ziels festgelegt, d. h. der Verantwortungsbereich, dem das Ziel vorgegeben werden soll. Beim Zielkriterium handelt es sich um die Größe, an der das künftige Handeln auszurichten ist. Der Zielmaßstab bestimmt, wie die erwartete oder realisierte Zielerreichung gemessen werden soll. Das Zielausmaß gibt die zu erreichende Ausprägung des Zielkriteriums vor. Der Zeitraum, in dem die Zielvorgabe zu erreichen ist, wird durch den Zeitbezug bestimmt (vgl. Hauschildt [Zielsysteme] 2419).

[2] Prämissen

Die Zielwirkungen und die Zulässigkeit einer Handlungsmöglichkeit hängen von Faktoren ab, die der Planungsträger nicht beeinflussen kann. So hängt das optimale Produktionsprogramm der Periode u. a. von den Absatzpreisen, den Absatzobergrenzen und den Kapazitäten ab. Diese Faktoren beziehen sich auf die Umwelt- und Unternehmungssituation sowie die Reaktionen des Marktes auf das zukünftige Handeln. Die Ausprägungen dieser Faktoren im Planungszeitraum sind im Zeitpunkt der Planung ungewiss. Eine Konstellation jeweils einer Ausprägung jedes dieser Faktoren wird als **Umweltzustand** bezeichnet (vgl. Laux/Gillenkirch/Schenk-Mathes [Entscheidungstheorie] 32). Zur Vereinfachung des Planungsproblems werden im Verlauf des Planungsprozesses Prämissen gesetzt. Hierbei handelt es sich um Annahmen über den Umweltzustand, der im Planungszeitraum eintreten wird. Mit den Prämissen werden andere mögliche

Umweltzustände aus der Betrachtung ausgeblendet. Das zukünftige Handeln wird unter der Bedingung geplant, dass der mit der vereinfachenden Annahme unterstellte Umweltzustand tatsächlich eintreten wird. Weicht die angenommene Entwicklung von dieser Annahme ab, sind die geplanten Handlungen u. U. nicht mehr optimal. Prämissen bedürfen deshalb der Kontrolle (vgl. Steinmann/Schreyögg/Koch [Management] 254).

[3] Problemstellung

Ein Problem ist definiert als unerwünschte Abweichung zwischen dem angestrebten Ziel (Soll-Zustand) und dem Zustand, der bei der erwarteten Unternehmungs- und Umweltentwicklung eintreten würde, sofern keine Maßnahmen ergriffen werden (Wird-Zustand). Es handelt sich hierbei um das **ursprüngliche Planungsproblem**. Aus diesem leiten sich weitere Probleme ab. Ursachen dieser **abgeleiteten Planungsprobleme** können u. a. sein: Der Ressourcenbedarf der Maßnahmen zur Problemlösung kann nicht gedeckt werden (Ressourcenproblem); die quantitative oder qualitative Kapazität der verantwortlichen Organisationseinheiten genügt nicht den Anforderungen der Maßnahmen zur Problemlösung (Organisationsproblem); die für die Problemlösung zur Verfügung stehende Zeit reicht nicht zur Realisation der geplanten Maßnahmen aus (Terminproblem). Auch die abgeleiteten Probleme werden im Plan festgehalten (vgl. Wild [Unternehmungsplanung] 68 f.).

[4] Maßnahmen

Eine Maßnahme ist die detaillierte Beschreibung einer Handlungsmöglichkeit. Auf der Grundlage der identifizierten ursprünglichen und abgeleiteten Planungsprobleme werden alternative Maßnahmen zur Erreichung der angestrebten Ziele erarbeitet und hinsichtlich der Zielwirkungen bewertet. Bestandteil des Plans sind jedoch nur die Maßnahmen, die realisiert werden sollen.

[5] Ressourcen, Termine und Träger der Planerfüllung

Bei den Ressourcen handelt es sich um das Personal, die Sach- und Finanzmittel zur Realisation der geplanten Maßnahmen. Ein Plan sollte Aussagen zum quantitativen und qualitativen Ressourcenbedarf und zur Verfügbarkeit der Ressourcen enthalten. Die Termine beziehen sich auf den Realisationszeitraum der Maßnahmen. Träger der Planerfüllung sind die Organisationseinheiten, die für die Realisation der Maßnahmen zuständig und verantwortlich sind.

[6] Ergebnisse

Bei den Ergebnissen handelt es sich um die prognostizierten Zielwirkungen der Maßnahmen, die zur Realisation ausgewählt worden sind.

1.2.2 Funktionen der Planung

Die Funktionen geben Antwort auf die Frage, welche Vorteile mit der Planung im Vergleich zum Verzicht auf die Planung realisiert werden können. In der Literatur wird eine Vielzahl von Funktionen der Planung genannt (zu einem Überblick Rühli [Funktionen] 568 ff.). Häufig wird zwischen den Grundfunktionen und den speziellen Funktionen der Planung unterschieden. Die **Grundfunktionen** beschreiben die Beiträge zur Steigerung der Effektivität des Unternehmungsprozesses, die in jeder Unternehmung mit der Planung realisiert werden können. In Unternehmungen, in denen Leitungsbefugnisse auf die mittlere und untere Ebene der Managementhierarchie delegiert worden sind, können mit der Planung weitere Vorteile realisiert werden. Diese werden durch die **speziellen Funktionen** der Planung beschrieben.

Grundfunktionen der Planung

Grundfunktionen der Planung sind vor allem (vgl. Wild [Unternehmungsplanung] 18 ff.):

- die Chancennutzung,
- die Risikogestaltung,
- die Flexibilitätserhöhung und
- die Entscheidungskoordination.

Durch Planung sollen Chancen zur Sicherung oder Steigerung der Zielerreichung identifiziert und Maßnahmen zur **Nutzung der identifizierten Chancen** entwickelt werden. Dieser Funktion wird die Planung dadurch gerecht, dass sie die Chancen und Risiken der Unternehmungs- und Umweltentwicklung im Planungszeitraum analysiert. Auf dieser Grundlage wird geklärt, welche Ziele angestrebt werden sollen, welche Ziele realisierbar sind und welche Prioritäten ihnen zugeordnet werden sollen. An diesen Zielen werden die nachfolgenden Planungsaktivitäten ausgerichtet (vgl. Wild [Unternehmungsplanung] 15).

Die Realisierbarkeit der gesetzten Ziele und der zu ihrer Erreichung auszuführenden Handlungen sowie deren Beitrag zur Zielerreichung hängen von Unternehmungs- und Umweltfaktoren ab, die das Management nicht beeinflussen kann. Durch Planung sollen **Risiken der Zielerreichung** identifiziert und gestaltet werden, die von der Entwicklung dieser Faktoren im Planungszeitraum ausgehen. Mit der Gestaltung kann eine Verringerung, eine Vermeidung, eine Begrenzung oder eine Überwälzung der identifizierten Risiken angestrebt werden, identifizierte

Risiken können aber auch bewusst akzeptiert werden. Die Gestaltung von Risiken verlangt die Analyse der Unternehmungs- und Umweltfaktoren und die Prognose ihrer Entwicklung während des Planungszeitraums sowie die Beurteilung ihres Einflusses auf die Zielerreichung und die Zielwirkungen der entwickelten Maßnahmen. Die bei der Planung angenommene Entwicklung jedes einzelnen relevanten Unternehmungs- und Umweltfaktors wird als Prämisse im Plan dokumentiert. Durch den Vergleich mit der tatsächlichen Entwicklung dieser Faktoren während des Planungszeitraums können drohende Zielabweichungen frühzeitig erkannt und Anpassungsmaßnahmen entwickelt und umgesetzt werden (vgl. Wild [Unternehmungsplanung] 15).

Unter **Flexibilität** wird das Vorhandensein von Handlungsmöglichkeiten verstanden, mit denen die Ziele auch bei veränderten Unternehmungs- und Umweltbedingungen erreicht werden können. Dieser Handlungsspielraum kann während des Planungszeitraums durch Sach- und Zeitzwänge kontinuierlich kleiner werden. Um die Flexibilität bei der Festlegung der Handlungen zur Zielerreichung zu erhöhen, werden bei der Planung die Entscheidungen bereits vor Beginn des Planungszeitraums getroffen. Planung erlaubt damit die Wahrnehmung von Handlungsmöglichkeiten, die zu einem späteren Zeitpunkt nicht mehr ergriffen werden könnten, da sie nicht mehr verfügbar sind, aufgrund des Handlungsdrucks nicht identifiziert worden sind oder weil Voraussetzungen für ihre Realisation fehlen und nicht mehr geschaffen werden können (vgl. Wild [Unternehmungsplanung] 15).

> Bei der Beschaffungsplanung kann durch die Gegenüberstellung der Angebotsmenge der aktuellen Lieferanten und der Nachfrageentwicklung im Planungszeitraum ein Versorgungsengpass erkannt werden. Da-

durch kann frühzeitig systematisch nach neuen Bezugsquellen im In- und Ausland gesucht und es können neue Möglichkeiten der Versorgungssicherung (z. B. Eigenfertigung, Substitution) erschlossen werden. Würde erst bei Eintreten des Versorgungsengpasses über Anpassungsmaßnahmen entschieden, könnte nicht auf Lagerbestände zurückgegriffen werden, es würde u. U. auch die Zeit für die Suche und Erschließung geeigneter Bezugsquellen fehlen. Der Bedarf könnte deshalb u. U. nur zu höheren Kosten oder nicht in der erforderlichen Qualität gedeckt werden.

Die Komplexität der Entscheidungen über das künftige Handeln in Unternehmungen wird durch Differenzierung verringert. Bei der Differenzierung werden Entscheidungen in isoliert oder sukzessiv zu treffende Teilentscheidungen zerlegt (vgl. Wild [Unternehmungsplanung] 160; Wall [Kontrollsysteme] 85). Diese Teilentscheidungen sind nicht unabhängig voneinander, wenn die Handlungen, die durch sie festgelegt werden, über Sachinterdependenzen verbunden sind. Die Zielwirkung mindestens einer dieser Teilentscheidungen ist in diesem Fall von einer anderen Teilentscheidung abhängig. Um die Zielerreichung zu sichern oder auch erst zu ermöglichen, müssen die Teilentscheidungen koordiniert werden. Unter der **Entscheidungskoordination** wird die Ausrichtung oder Abstimmung von Teilentscheidungen auf das Unternehmungsziel verstanden. Die Abstimmung von Teilentscheidungen auf ein übergeordnetes Ziel wird als horizontale Koordination bezeichnet. Die vertikale Koordination hat die Ausrichtung der Teilentscheidungen an den übergeordneten Unternehmungszielen zum Gegenstand (vgl. Rühli [Koordination] 1166). Durch die Planung sollen nicht nur die im Planungsprozess gefällten Teilentscheidungen koordiniert werden, sondern auch die Teilentscheidungen, die während es Planungszeitraums getroffen werden. Die Koordinationsfunktion der Planung erstreckt sich damit auf folgende Teilfunktionen:

- die Koordination durch Planung und
- die Koordination durch Pläne.

Die **Koordination durch Planung** sieht vor, dass die Teilentscheidungen über Handlungen zur Zielerreichung, die vor Beginn des Planungszeitraums durch Planung vorbereitet werden, im Prozess der Planerstellung aufeinander abgestimmt und zu einem koordinierten Gesamtplan zusammengefasst werden (vgl. Wild [Unternehmungsplanung] 17). Dieser Teilfunktion kann die Planung durch ihren Prozesscharakter entsprechen. Pläne legen für den Planungszeitraum das Handeln in der Unternehmung fest. Bei der **Koordination durch Pläne** wird die Richtung und der Rahmen der Teilentscheidungen über die Handlungen zur Zielerreichung vorgegeben, die während des Planungszeitraums getroffen werden.

Spezielle Funktionen der Planung

Über die **Delegation** der Leitungsbefugnisse werden den Managern auf der mittleren und der unteren Ebene der Managementhierarchie Entscheidungsbefugnisse übertragen. Durch die damit einhergehende Entscheidungsdezentralisation kann es zu Verhaltensinterdependenzen kommen.

> **Verhaltensinterdependenzen** können als Gefahr einer negativen Zielabweichung interpretiert werden, die von den individuellen Zielen der Manager in den Verantwortungsbereichen ausgeht. Sie entstehen unter folgenden Bedingungen (vgl. Küpper u. a. [Controlling] 99 f.):

- Die Manager in den Verantwortungsbereichen verfolgen ihre individuellen Ziele, die zu den Unternehmungszielen in einer konfliktären Beziehung stehen können.
- Die Informationen sind asymmetrisch verteilt, d. h., die Manager in den Verantwortungsbereichen haben Informationsvorteile gegenüber der Unternehmungsleitung.
- Die Fähigkeiten der Manager zur Aufnahme, Speicherung, Verarbeitung und Übermittlung von Informationen ist begrenzt oder die Informationsübermittlung verursacht Kosten.

Bei Vorliegen dieser Bedingungen verfügen die Manager in den Verantwortungsbereichen über Freiräume, um ihre individuellen Ziele durch

- die unvollständige oder nicht wahrheitsgemäße Berichterstattung an die Unternehmungsleitung oder
- suboptimale Entscheidungen

zu realisieren (vgl. Ewert/Wagenhofer [Unternehmensrechnung] 392 ff.). Die **speziellen Funktionen** der Planung benennen die Vorteile, welche durch Planung für die vertikale Koordination von Teilentscheidungen auf der mittleren und der unteren Ebene der Managementhierarchie realisiert werden können. Diese speziellen Funktionen der Planung sind

- die Zielausrichtung,
- die Bewertung und
- die Verhaltensbeeinflussung.

Planung soll die Ausrichtung der Teilentscheidungen in den Verantwortungsbereichen an den Unternehmungszielen sicherstellen. Erreicht werden kann die **Zielausrichtung** durch Pläne, welche die Freiräume der Manager in den Verantwortungsbereichen für das Verfolgen ihrer individuellen Ziele begrenzen.

Mit der Planung soll ein Maßstab für die **Bewertung** der Ergebnisse der Unternehmung und ihrer Bereiche geschaffen werden. Diese bilden die Voraussetzungen für eine leistungsgerechte Beurteilung und Entlohnung der Manager in den Verantwortungsbereichen. Um dieser Funktion zu entsprechen, werden bei der Planung Art, Umfang und Termin der Beiträge präzisiert, die Verantwortliche, Bereiche und Unternehmung zu leisten haben.

Durch die Planung soll Einfluss auf die Manager in den Verantwortungsbereichen genommen werden, um ein **zielkonformes Arbeitsverhalten** zu bewirken. Dieser Funktion kann die Planung zum einen durch ihren Prozesscharakter entsprechen, der eine Mitwirkung der Manager der mittleren und unteren Hierarchieebenen an der Planung der Unternehmungsleitung ermöglicht. Über die Mitwirkung kann die Akzeptanz der Entscheidungen der Unternehmungsleitung bei den Managern der mittleren und unteren Hierarchieebenen erhöht werden. Darüber hinaus kann der Plan innerhalb der Unternehmung kommuniziert werden. Dadurch können alle Mitarbeiter in der Unternehmung informiert werden, was im Planungszeitraum von ihnen erwartet wird und damit die Voraussetzungen für ein plankonformes Arbeitsverhalten geschaffen werden.

1.2.3 Prozess der Planung

Aufgabe der Planung ist es, die Ziele und die Handlungen zur Zielerreichung so festzulegen, dass die Chancen der erwarteten Unternehmungs- und Umweltentwicklung genutzt werden können und ihren Risiken wirkungsvoll begegnet werden kann. Die Bearbeitung dieser Aufgaben verlangt die Bildung von Zielen, die Prognose und Analyse der erwarteten Unternehmungs- und Umweltentwicklung, die Erarbeitung und Bewertung von Maßnahmen zur Zielerreichung sowie die Auswahl der zu realisierenden Maßnahmen. Die Klärung dieser Teilfragen führt zu Abgrenzung der folgenden **Planungsaufgaben**:

- die Zielbildung,
- die Problemfeststellung,
- die Alternativensuche,
- die Bewertung und
- die Entscheidung.

Zu den Planungsaufgaben finden sich in der betriebswirtschaftlichen Literatur eine Reihe verschiedener Auffassungen, die in Abb. 3 veranschaulicht werden. Bei der **Planung im engeren Sinn** handelt es sich um die Entscheidungsfindung, die durch eine Abweichung von einem angestrebten Endzustand ausgelöst wird. Ihr fehlt das Merkmal der Zukunftsorientierung. Wird die Planung als **Entscheidungsvorbereitung** verstanden, zählt die abschließende Finalentscheidung, deren Ergebnis der endgültige Plan ist, nicht mehr zu Planung. Bei der Bearbeitung aller Planungsaufgaben werden Entscheidungen über die verschiedenen Bestandteile eines Plans getroffen, wie z. B. über die Ziele, die Prämissen und die zu bearbeitenden Probleme (vgl. Witte [Phasen-Theorem] 223). Die Ergebnisse dieser Entscheidungen müssen bei der Bearbeitung der jeweils weiteren Planungsaufgaben bekannt sein. Im weiteren Verlauf der Planung können sich diese Entscheidungen als ungünstig oder falsch erweisen. Sie werden deshalb u. U. mehrfach angepasst und haben nur vorläufigen Charakter. Die Gesamtheit der Ergebnisse dieser vorläufigen Entscheidungen bildet den Plan. Die abschließende Finalentscheidung ist damit untrennbar mit den vorläufigen Entscheidungen bei der Bearbeitung der Planungsaufgaben verbunden. Der Auffassung der Planung als Entscheidungsvorbereitung wird hier deshalb nicht gefolgt (vgl. zu dieser Argumentation Töpfer [Kontrollsystem] 83).

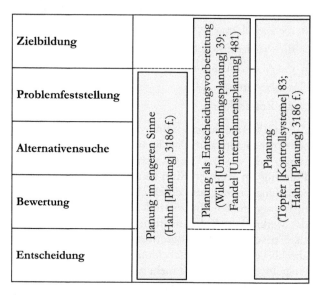

Abb. 3: Auffassungen zum Umfang der Planungsaufgaben

Häufig wird auch die **Prognose** als eigenständige Planungsaufgabe betrachtet (z. B. Wild [Unternehmungsplanung] 38 ff.; Mag [Unternehmungsplanung] 8 f.), die zwischen Alternativensuche und Bewertung auszuführen ist. Bei der Prognose handelt es sich um eine reine Informationsbeschaffungsaufgabe, während alle anderen Planungsaufgaben zur inhaltlichen Bestimmung der Pläne beitragen. Zudem werden nicht nur für die Bewertung Prognoseinformationen benötigt, sondern auch für die Problemfeststellung. Die Prognose wird hier deshalb nicht als eigenständige Planungsaufgabe verstanden, sondern als Informationsbeschaffungsaufgabe, die sich über den gesamten Planungsprozess erstreckt.

Die Bearbeitung der Planungsaufgaben vollzieht sich durch eine Vielzahl von Aktivitäten, deren verkettete Abfolge den **Planungsprozess** bildet. Die Verkettung der Aktivitäten besteht darin, dass die Informationen, die durch eine Aktivität gewonnen werden, bei der Ausführung nachfolgender Aktivitäten Verwendung finden. Die Aktivitäten zur Wahrnehmung der Planungsaufgaben werden im Folgenden erläutert.

Aufgabe der **Zielbildung** ist es, die Ziele festzulegen, die während des Planungszeitraums erreicht werden sollen.

Die Gesamtheit der Ziele, die im Planungszeitraum erreicht werden sollen, bilden das Zielsystem der Planung Es sollte eine Reihe von **Anforderungen** erfüllen, die in Abb. 4 erläutert werden (vgl. Wild [Unternehmungsplanung] 55 f.; Kuhn [Unternehmensführung] 19 ff.).

Realistik	Die Ziele sind realisierbar.
Operationalität	Die Zielelemente, d. h. Zielobjekt, Zieleigenschaft, Zielmaßstab, Zielfunktion und zeitlicher Bezug der Ziele, sind präzise definiert.
Ordnung	Den Zielen sind Prioritäten zugeordnet.

Konsistenz	Die Ziele und die ihnen zugeordneten Prioritäten sind widerspruchsfrei und aufeinander abgestimmt.
Aktualität	Das Zielsystem enthält nur die aktuellen und tatsächlich zu erreichenden Ziele, d. h. keine überholten oder bereits aufgegebene Ziele.
Vollständigkeit	Das Zielsystem enthält alle wichtigen Ziele.
Durchsetzbarkeit	Die Mitarbeiter identifizieren sich mit den Zielen oder akzeptieren sie zumindest.
Organisationskongruenz	Jedes Ziel ist einer Organisationseinheit in der Unternehmung zugeordnet, die über die für die Zielerreichung erforderlichen Kompetenzen verfügt.
Transparenz und Überprüfbarkeit	Das Zielsystem ist übersichtlich, verständlich und einheitlich gegliedert, die Ziele sind operational und die zur Beurteilung der Zielerreichung notwendigen Informationen können bereitgestellt werden.

Abb. 4: Anforderungen an das Zielsystem

Der Planung werden Ziele vorgegeben (vgl. Hahn/ Hungenberg [PuK] 46). Bei diesen handelt es sich um **Ausgangsziele**, d. h. um Absichten oder übergeordnete Ziele. Übergeordnet sind Ziele, wenn sich der Planungsbereich oder der Planungszeitraum nur über einen einzelnen Abschnitt ihres sachlichen oder zeitlichen Geltungsbereichs erstreckt. Die Ausgangsziele müssen im Planungsprozess konkretisiert und auf ihre Realisierbarkeit überprüft werden. Die im Planungsprozess gebildeten Ziele sind die Planziele. Sie werden im Plan festgehalten (vgl. Wild [Unternehmungsplanung] 39 ff.).

Bei der Zielbildung wird in folgenden **Schritten** vorgegangen (vgl. Wild [Unternehmungsplanung] 57 ff.):

- **Zielsuche**
  Kreativer Prozess zur Erfassung möglichst aller denkbaren Ziele, die in einer Mittel-Zweck-Relation zu den Ausgangszielen stehen

- **Zielpräzisierung**
  Ableitung von Unterzielen aus den erfassten Zielen bis hin zu den zu ergreifenden Maßnahmen; Festlegung der Zielmerkmale (Zielobjekt, Zieleigenschaft, Zielmaßstab, Zielfunktion, zeitlicher Bezug)

- **Zielstrukturierung**
  Ordnung der Ziele nach den Mittel-Zweck-Beziehungen (Ober- und Unterziele), der Fristigkeit (lang- und kurzfristige Ziele), den Prioritäten (Haupt- und Nebenziele) oder der Ebene der Managementhierarchie (Bereichs-, Abteilungs- und Stellenziele)

- **Realisierbarkeitsprüfung**
  Analyse der Interdependenzrelationen zwischen den Zielen (konfliktäre, komplementäre oder neutrale Ziele) sowie der Vereinbarkeit der Ziele mit der Mittelausstattung, den Kompetenzen und der Qualifikation der Mitarbeiter in der verantwortlichen Organisationseinheit

- **Zielauswahl**
  Auswahl der Ziele, die den höchsten Beitrag zur Erreichung der Ausgangsziele leisten

> Bei der **Problemfeststellung** soll die für die angenommene Unternehmungs- und Umweltentwicklung erwartete Zielabweichung identifiziert und für die Entwicklung von Maßnahmen zur Zielerreichung aufbereitet werden.

Das Vorgehen bei der Problemfeststellung lässt sich durch die folgenden **Aktivitäten** beschreiben (vgl. hierzu Wild [Unternehmungsplanung 68 f.]):

- **Lageanalyse**
  Feststellung des Ist-Zustands und Identifikation der Einflussgrößen auf die Zielerreichung

- **Lageprognose**
  Prognose der Zielerreichung und der Ausprägung von Einflussgrößen auf die Zielerreichung unabhängig von den zu ergreifenden Maßnahmen; Dokumentation der Prognosen und der ihnen zugrunde liegenden Annahmen als Planprämissen (Wird-Zustand)

- **Feststellung der Problemlücke**
  Gegenüberstellung der Ziele (Soll-Zustand) und der Ergebnisse der Lageprognose (Wird-Zustand); Feststellung der Abweichung als Problemlücke

- **Feststellung abgeleiteter Probleme**
  Ermittlung von Voraussetzungen für die Planerfüllung und Überprüfung ihrer Erfüllbarkeit (Feststellung der Maßnahmen-, Ressourcen-, Termin- und Organisationsprobleme)

- **Problemfeldanalyse**
  Auflösung des Gesamtproblems in Teilprobleme durch Identifikation von Abweichungen bei den Ein-

flussgrößen der Zielerreichung; Herleitung von Ansatzpunkten für die Zielerreichung

- **Problemstrukturierung**
  Bildung einer Problemhierarchie durch Ordnung der identifizierten Teilprobleme nach den zwischen ihnen bestehenden Ursache-Wirkungs-Beziehungen und ihrer Relevanz für die Lösung des Gesamtproblems

> Aufgabe der **Alternativensuche** ist es, möglichst alle Vorgehensweisen zu generieren und inhaltlich zu präzisieren, die für sich alleine geeignet sind, die identifizierten Probleme zu lösen.

Eine **Alternative** ist eine Maßnahme oder ein Bündel mehrerer Maßnahmen, die zur Lösung des identifizierten Problems grundsätzlich geeignet sind. Sie sind so zu formulieren, dass sie sich gegenseitig ausschließen, d. h. sich stets nur eine Alternative realisieren lässt. Die Maßnahmen beschreiben die Handlungen, die ausgeführt werden müssen, um den Ausgangszustand in den bei der Zielbildung definierten Endzustand zu überführen.

Die Alternativensuche umfasst die folgenden **Schritte** (vgl. Wild [Unternehmungsplanung] 85 ff.):

- **Suche nach Einzelideen**
  Kreativer Prozess, in dem möglichst viele Ideen für die Vorgehensweise zur Lösung des identifizierten Problems generiert werden sollen

- **Gliederung, Ordnung und Verdichtung der Einzelideen zu Alternativen**
  Kombination der Einzelideen zu Maßnahmenkomplexen, die zur vollständigen Lösung des Problems geeignet sind

- **Abgrenzung und Konkretisierung einzelner Alternativen**
  Präzisierung der Maßnahmen und Prognose des mit ihrer Realisation verbundenen Ressourcen- und Zeitbedarfs
- **Strukturierung der Alternativen**
  Analyse der Interdependenzen zwischen den Maßnahmen der Alternativen und den Maßnahmen in anderen Bereichen
- **Vollständigkeitsprüfung**
  Prüfung, ob alle Erfolg versprechenden Alternativen generiert worden sind, die Alternativen geeignet sind, das Problem vollständig zu lösen, und die Alternativen inhaltlich vollständig bestimmt sind
- **Zulässigkeitsprüfung**
  Prüfung, ob die Alternativen Restriktionen verletzen oder gegen allgemeine Prämissen der Problemlösung verstoßen

> Zweck der **Bewertung** ist es, durch den Vergleich der Alternativen auf der Grundlage der relativen Vor- und Nachteile diejenige zu ermitteln, die den höchsten Zielerreichungsbeitrag erwarten lässt.

Bei der Bewertung werden den Alternativen Wertgrößen zugeordnet, die ihre Zielwirksamkeit zum Ausdruck bringen. Diese Wertgrößen werden genutzt, um die Alternativen in eine Rangordnung zu bringen. Bei der Bewertung und Entscheidung wird in folgenden **Schritten** vorgegangen (vgl. hierzu Wild [Unternehmungsplanung] 111 ff.):

- **Festlegung von Bewertungskriterien**
  Bei den Bewertungskriterien handelt es sich um Maß-

größen zur Erfassung der Zielwirksamkeits- oder Zielerreichungsgrade

- **Bestimmung der Kriteriengewichte**
  Kriteriengewichte bringen die relative Bedeutung der Bewertungskriterien zum Ausdruck und werden benötigt, wenn es zwei oder mehrere Bewertungskriterien gibt

- **Ermittlung der Kriterienwerte**
  Erfassung der Ausprägungen der Bewertungskriterien für die verschiedenen Alternativen

- **Ermittlung des Gesamtwerts der Alternative**
  Schaffung einer konsistenten Rangordnung über alle Alternativen hinsichtlich aller Bewertungskriterien durch Zusammenfassung der Kriterienwerte unter Berücksichtigung der Kriteriengewichte

- **Konsistenzprüfung der Bewertung**
  Überprüfung der Verträglichkeit der Kriterienwerte mit dem Gesamtwert

- **Entscheidung**
  Auswahl der zu realisierenden Alternative

Die ausgewählten Ziele, die identifizierten Probleme und die erarbeiteten Alternativen werden während des **Planungsprozesses** u. a. aus den folgenden Gründen mehrfach präzisiert, revidiert oder modifiziert:

- Die identifizierte Problemlücke lässt das (vorläufig) ausgewählte Ziel als nicht erreichbar erscheinen. Das im Rahmen der Zielpräzisierung (vorläufig) festgelegte Zielausmaß wird deshalb angepasst.

- Bei der Konkretisierung der Alternativen werden abgeleitete Probleme (z. B. Ressourcenprobleme) erkannt, die nach einer Erweiterung der Problemhierarchie verlangen.

- Die zur Bewertung erforderlichen Kriterienwerte können nicht ermittelt werden, da die Alternativen nicht hinreichend konkret formuliert sind.

Die Planungsaufgaben werden deshalb nicht in einer vorgegebenen **Reihenfolge** erfüllt, sondern werden während des Planungsprozesses mehrfach und mit unterschiedlicher Intensität ausgeführt (vgl. Witte [Phasen-Theorem] 223, [Entscheidungsprozesse] 915).

1.3 Ergänzung der Planung durch die Kontrolle

Jeder Plan beruht auf Erwartungen und Prognosen. Verläuft die Entwicklung anders als erwartet oder prognostiziert, kommt es zu Abweichungen zwischen den realisierten und den im Plan festgelegten Größen. Hinzu kommt, dass sich die mit der Planrealisation beauftragten Mitarbeiter nicht immer plankonform verhalten, d. h. den Plan ignorieren, ihn abwandeln oder unter dem im Plan festgeschriebenen Leistungsniveau bleiben. Jeder Plan ist deshalb mit einem **Realisationsrisiko** verbunden, d. h. der Gefahr, dass die geplanten Handlungen nicht oder nicht plankonform umgesetzt oder die festgelegten Ziele nicht erreicht werden (vgl. Wollnik [Plandurchsetzung] 1381). Um die Planrealisation sicherzustellen, wird die Planung durch Kontrollen ergänzt.

Die Kontrolle kann als der unmittelbar vor, während oder nach der Realisation stattfindende Abgleich des Plans mit der tatsächlichen Unternehmungs- und Umweltentwicklung, dem tatsächlichen Handeln und der tatsächlichen

Zielerreichung verstanden werden. Sie kann durch folgende **Merkmale** beschrieben werden:

[1] Gegenwartsbezogenheit

Durch Kontrollen sollen bereits realisierte Planabweichungen erkannt oder die Planabweichungen prognostiziert werden, die bei der tatsächlichen Unternehmungs- und Umweltentwicklung oder dem tatsächlichen Handeln am Ende des Planungszeitraums erwartet werden.

[2] Vergleich

Bei der Kontrolle handelt es sich um den Vergleich zwischen dem Wert einer Größe im Plan und dem Wert dieser Größe, der in einem Zeitpunkt tatsächlich erreicht worden ist oder der bei der tatsächlich eingetretenen Entwicklung am Ende des Planungszeitraums erwartet wird.

[3] Servicecharakter

Mit Kontrollen werden Informationen über entstandene oder erwartete Planabweichungen und ihre Ursachen für andere Managementfunktionen (Planung, Organisation, Personaleinsatz und Führung) erfasst und aufbereitet.

> **Kontrolle** ist ein systematisch durchgeführter Prozess zur Ermittlung und Beurteilung von Planabweichungen durch den Vergleich des Wertes einer Größe im Plan mit dem in einem Zeitpunkt festgestellten oder erwarteten Wert dieser Größe zur Sicherung der Planrealisation.

Als Ergänzung der Planung haben Kontrollen folgende **Funktionen** zu erfüllen:

- **Plankorrekturfunktion**

Mit der Kontrolle sollen Informationen über die Realisierbarkeit und die Zielwirksamkeit der Pläne gewonnen werden, um Pläne bereits vor oder während der Realisation zur Sicherung der Zielerreichung korrigieren zu können (vgl. Siegwart/Menzl [Kontrolle] 108).

Anpassungsfunktion

Mit Kontrollen sollen Hinweise auf eine nicht plankonforme Planrealisation gewonnen werden, um durch die Korrektur der Planrealisation oder die Anpassung der Organisation, des Personaleinsatzes oder der Führung die Zielerreichung sicherzustellen (vgl. Siegwart/Menzl [Kontrolle] 108).

Verhaltensbeeinflussungsfunktion

Kontrollen haben eine vorbeugende Wirkung auf Abweichungen des Arbeitsverhaltens der Mitarbeiter von den aus den Plänen resultierenden Handlungsanweisungen. Zudem wirken Informationen zum Ausmaß der Planrealisation über die Bemessung von Belohnungen auf das Arbeitsverhalten der Mitarbeiter (vgl. Frese [Unternehmungsführung] 185).

Lernfunktion

Durch Kontrollen sollen Erfahrungen für die Planung im nächsten Planungszyklus und den damit neu beginnenden Managementprozess gesammelt werden (vgl. Steinmann/Schreyögg/Koch [Management] 13).

Die Kontrolle vollzieht sich in folgenden **Schritten** (vgl. Küpper u. a. [Controlling] 262 f.):

[1] Feststellung des Kontrollproblems

Ein Kontrollproblem wird durch folgende Merkmale beschrieben: Kontrollziele, Kontrollobjekte, Kontrollgrößen und Kontrollzeitpunkte. Kontrollziele sind die im Plan festgelegten Ziele, die durch die Kontrolle gesichert werden sollen. Objekte der Kontrolle sind die Planbestandteile (z. B. Handlungen, Ergebnisse, Ressourcen, Prämissen), die kontrolliert werden sollen. Durch Kontrollgrößen wird festgelegt, wie die Vergleichswerte für die Kontrollobjekte gemessen werden sollen. Kontrollzeitpunkte definieren, wann Kontrollen durchgeführt werden sollen. Kontrollen können während der Planung, während oder nach der Planrealisation durchgeführt werden.

[2] Ermittlung der Vergleichswerte der Kontrollgrößen

Vergleichswerte sind die Werte der Kontrollgröße, die zur Ermittlung der Planabweichung gegenübergestellt werden.

[3] Feststellung der Abweichung

Die Vergleichswerte werden gegenübergestellt. Die festgestellten Abweichungen werden nur dann analysiert, wenn sie für die Zielerreichung kritisch sind. Es wird entschieden, ob die Abweichungen akzeptiert oder die Kontrolle mit der Abweichungsanalyse fortgesetzt werden soll.

[4] Abweichungsanalyse

Aufgabe der Abweichungsanalyse ist es, Informationen über die Ursachen der festgestellten Abweichungen zu gewinnen. Ursachen von Abweichungen können sein: Planungsfehler, unvorhersehbare Ereignisse, welche die Grundlage der Planung verändern, Fehler bei der Planrealisation, ein nicht plankonformes Arbeitsverhalten der Mitarbeiter oder Schwächen in den Rahmenbedingungen, wie z. B. der Organisation oder der Qualifikation der Mitarbeiter (vgl. Steinmann/Schreyögg/Koch [Management] 192).

Es haben sich verschiedene **Kontrollformen** herausgebildet. Nach dem Kontrollobjekt werden unterschieden:

- **Wirkungskontrollen**

Kontrollobjekte sind die Zielwirkungen der Pläne. Kontrollgrößen können die Zielgrößen selbst (z. B. Erfolg) oder Bestandteile der Zielgrößen (z. B. Kosten, Erlöse) sein.

- **Maßnahmenkontrollen**

Objekte der Kontrolle sind die geplanten Handlungen. Als Kontrollgrößen werden Merkmale zur Beschreibung von Umfang und Qualität der durchgeführten Handlungen herangezogen.

- **Prämissenkontrollen**

Kontrollobjekt ist die bei der Planung angenommene Unternehmungs- und Umweltentwicklung, die durch die Planprämisse beschrieben wird.

Wird der Kontrollzeitpunkt als Abgrenzungskriterium herangezogen, werden die Endkontrollen und die begleitenden Kontrollen unterschieden. **Endkontrollen** werden nach Abschluss der Planrealisation durchgeführt. Ermittelt werden können nur die realisierten Abweichungen und ihre Ursachen. Die Plankorrekturfunktion kann durch diese Form der Kontrolle nicht erfüllt werden. **Begleitende Kontrollen** werden parallel zur Planrealisation durchgeführt. Mit dieser Form der Kontrolle können Planabweichungen frühzeitig ermittelt werden, so dass Maßnahmen zur Sicherung der Planrealisation ergriffen werden können. Die begleitenden Kontrollen dienen damit der Plankorrekturfunktion. Sie können als Planfortschritts- oder als Realisationskontrollen durchgeführt werden. Bei der **Planfortschrittskontrolle** (Soll-Wird-Vergleich) wird im Kontrollzeitpunkt der Wert der Kontrollgröße prognostiziert, der für das Ende des Planungszeitraums erwartet wird. Dieser Wird-Wert der Kontrollgröße wird mit dem im Plan festgelegten Wert der Kontrollgröße verglichen. Die **Realisationskontrolle** (Soll-Ist-Vergleich) setzt voraus, dass im Plan für einen oder mehrere Zeitpunkte im Planungszeitraum Zwischenergebnisse für die Kontrollgrößen festgelegt worden sind. Diese werden mit den in den vorgegebenen Zeitpunkten tatsächlich erreichten Werten der Kontrollgröße verglichen.

2 Merkmale von Planungssystemen

2.1 Elemente von Planungssystemen

Bei einem Planungssystem handelt es sich um ein **reales Teilsystem** der Unternehmung, das die Planungsaufgaben der Unternehmung wahrnimmt (vgl. Szyperski/Winand [Grundbegriffe] 110). Es ist die personelle, organisatorische und technische Infrastruktur der Unternehmung für die Planung. Ein Planungssystem ist die geordnete Gesamtheit von Elementen, die an dem mit der Planung verfolgten Zweck (Planungsfunktion) auszurichten und abzustimmen sind. Zu den Elementen zählen (ähnlich bei Rau [Unternehmungsplanung] 41):

- Planungsträger,
- technische Hilfsmittel,
- Planungsinstrumente und
- Regelungen.

Zu den **Planungsträgern** zählen alle Personen, die an Planungsprozessen durch die Ausführung von Planungsaktivitäten teilnehmen. **Technische Hilfsmittel**, die bei der Planung eingesetzt werden, sind vor allem die Hard- und Software zur Informationserfassung (z. B. Betriebsdatenerfassungssysteme) und Informationsverarbeitung. **Planungsinstrumente** sind Methoden und Modelle, die im Planungsprozess zur Anwendung gelangen, wie z. B. Relevanzbaum, Portfolio-Analysen, Kreativitätstechniken, Entscheidungsrechnungen und Risikoanalysen. Die Regelungen geben die Soll-Vorstellung zu Gegenstand und Vollzug der Planung vor. Nach diesen **Regelungen** wird unterschieden zwischen

- formalen und
- informalen Planungssystemen.

Formale Planungssysteme entstehen durch die Formulierung und Dokumentation zweckorientiert gestalteter, personenunabhängiger Regelungen, mit denen der Gegenstand, die Organisation sowie die einzusetzenden Planungsinstrumente und technischen Hilfsmittel präsituativ festgelegt werden. Sie werden für Pläne gestaltet, die künftig regelmäßig erstellt werden sollen, und bilden ein Ergebnis der systemgestaltenden Aufgaben des Controlling. Bei einmalig, selten oder unregelmäßig zu erstellenden Plänen werden Gegenstand und Vollzug der Planung situativ geregelt (zur Abgrenzung regelmäßig wiederkehrender Planungen und Ad-hoc- oder Sonderplanungen vgl. Perlitz [Organisationsformen] 1299). Die Festlegung dieser situationsbezogenen Regelungen ist eine prozessunterstützende Aufgabe des Controlling (vgl. Friedl [Controlling] 34 ff.).

Wird auf die explizite Regelung der Planung verzichtet, liegt ein **informales Planungssystem** vor. Die Planung vollzieht sich nach Regelungen, die von den Planungsträgern individuell gestaltet werden und keinen Vorgabecharakter haben. Sie entwickeln sich ohne Mitwirkung des Controlling.

Die Gestaltung von Planungssystemen vollzieht sich durch Entscheidungen über die Merkmale des Planungsgegenstandes und der Planungsorganisation sowie über die einzusetzenden Planungsinstrumente und technischen Hilfsmittel. Diese Entscheidungsobjekte sind die **Gestaltungsparameter von Planungssystemen**. Einen Überblick über die inhaltlichen, organisatorischen und methodischen Gestaltungsparameter eines Planungssystems gibt Abb. 5 (vgl. Horváth/Gleich/Seiter [Controlling] 87; Küpper u. a. [Controlling] 134 ff.). Für jeden dieser Gestaltungsparameter gibt es mehrere alternative Ausprägungen, über die bei der Gestaltung eines Planungssystems zu entscheiden ist. Die Ausprägungen der inhaltlichen und organisatorischen Gestaltungsparameter werden in den nachfolgenden Abschnitten erläutert. Es wird zudem gezeigt, inwieweit sie den Funktionen der Planung entsprechen.

inhaltliche Gestaltungsparameter	organisatorische Gestaltungsparameter	methodische Gestaltungsparameter

– Planungsumfang
– Detailliertheit/Präzision
– Grad der Differenzierung
– Art der Differenzierung
– Planungssequenz
– Integrationsgrad
– Flexibilität
	– Organisationsgrad
	– Aufbauorganisation
	  ▪ Verteilung der Planungsaufgaben
	  ▪ Verteilung der Planungskompetenzen
	– Ablauforganisation
	  ▪ Entwicklungsfolge der Teilplanungen
	  ▪ Hierarchiedynamik
	  ▪ Folge der Planungsaktivitäten
	  ▪ Anpassungsrhythmik
		– Methodeneinsatz
		– Modelleinsatz
		– Einsatz technischer Hilfsmittel

Abb. 5: Gestaltungsparameter von Planungssystemen

2.2 Inhaltliche Merkmale von Planungssystemen

2.2.1 Umfang und Detailliertheit der Planung

Mit dem **Umfang der Planung** wird festgelegt, welche Tätigkeitsfelder der Unternehmung geplant werden (vgl. Wild [Unternehmungsplanung] 159). Die Ausprägungen dieses Gestaltungsparameters sind

- die Vollplanung und
- die Schwerpunktplanung.

Die **Vollplanung** erstreckt sich über alle Tätigkeitsfelder der Unternehmung. Durch sie werden die Voraussetzungen dafür geschaffen, dass alle differenzierten oder dezentralisierten Entscheidungen zwischen denen Interdependenzen bestehen, durch Planung oder Pläne koordiniert werden können.

Werden nur ausgewählte Teilbereiche der Unternehmung geplant, liegt eine **Schwerpunktplanung** vor. Der Vorteil der Schwerpunktplanung besteht in dem gegenüber der Vollplanung verringerten Planungsaufwand. Die Koordination wird jedoch auf die Entscheidungen begrenzt, die durch Planung vorbereitet werden. Damit verbunden ist die Gefahr, dass Interdependenzen zwischen den Entscheidungen geplanter und nicht geplanter Bereiche nicht erkannt werden (vgl. Wild [Unternehmungsplanung] 159). Mag spricht hier von Voll- und Teilintegration. Die **Vollintegration** ist dadurch gekennzeichnet, dass alle Tätigkeitsfelder der Unternehmung geplant und die Pläne aufeinander abgestimmt werden. Werden einzelne Unternehmungspläne nicht geplant oder geplant, aber nicht in die Abstimmung der Teilpläne einbezogen, liegt eine **Teilintegration** vor (vgl. Mag [Unternehmungsplanung] 132).

> Mit der **Detailliertheit eines Plans** werden der Grad der zeitlichen oder sachlichen Aggregation der Entscheidungsvariablen und aller anderen Planbestandteile sowie der Umfang des zugrunde liegenden Problemfeldes festgelegt.

Nach der Detailliertheit werden die Global- und die Detailplanung unterschieden (vgl. Szyperski/Winand [Grundbegriffe] 113). In einem **Globalplan** werden z. B. die von einer Produktgruppe in den nächsten drei Jahren zu produzierenden Mengen festgelegt. Der zugehörige **Detailplan** enthält Angaben zu den Mengen jedes Produkts dieser Produktgruppen, die im nächsten Jahr zu produzieren sind, und zur Verteilung der Produktionsmengen auf die einzelnen Wochen. Damit die Komplexität beherrschbar bleibt, weisen Planungen für ein umfangreiches Problemfeld (z. B. Unternehmung) einen geringeren Detaillierungsgrad auf als Planungen, die sich nur auf einen Ausschnitt dieses Problemfeldes (z. B. Bereich) beziehen.

> Der **Präzisionsgrad eines Plans** wird durch die Art der berücksichtigten Informationen determiniert.

So weisen Pläne auf der Basis quantitativer Informationen eine höhere Präzision auf als Pläne, denen nur qualitative Informationen zugrunde liegen. Werden die Handlungskonsequenzen von Alternativen nominal gemessen, weist der Plan eine geringere Präzision auf als bei ordinaler Messung, da die Alternativen auf der Grundlage der Bewertung zwar verschiedenen Klassen zugeordnet, nicht jedoch in eine Rangfolge gebracht werden können. Letztes setzt eine ordinale Messung der Handlungskonsequenzen voraus. Pläne mit einem hohen (niedrigen) Präzisionsgrad werden als **Feinpläne (Grobpläne)** bezeichnet (vgl. Szyperski/Winand [Grundbegriffe] 118).

2.2.2 Differenzierung der Planung

> Die **Differenzierung der Planung** zeichnet sich dadurch aus, dass nicht ein umfassender Gesamtplan in einem Planungsprozess erstellt wird, sondern mehrere Planungsprozesse durchgeführt werden, die zu sachlich oder zeitlich abgegrenzten Teilplänen führen.

Durch Differenzierung kann die Komplexität der Planungsprobleme reduziert werden. Die verschiedenen Teilpläne werden jedoch in Planungsprozessen erstellt, die mehr oder weniger unabhängig voneinander vollzogen werden. Zum Zwecke der Entscheidungskoordination müssen die verschiedenen Teilpläne deshalb zielorientiert abgestimmt werden. Durch die Differenzierung entsteht damit ein **Bedarf an Plankoordination** (vgl. Wild [Unternehmungsplanung] 160 f.). Unterschieden wird zwischen

- der vertikalen und
- der horizontalen Differenzierung der Planung.

> Wird **vertikal differenziert**, entstehen mehrere Stufen oder Ebenen der Planung. Die Teilpläne der Stufen unterscheiden sich im Umfang des Planungsbereichs, in der Länge des Planungszeitraums oder dem Detaillierungsgrad. Die **horizontale Differen-**

zierung führt zu mehreren einander gleichgeordneten Teilplänen, d. h., die Teilpläne stimmen im Umfang des Planungsbereichs, in der Länge des Planungszeitraums und dem Detaillierungsgrad überein (vgl. Wild [Unternehmungsplanung] 160 f., 166).

Die vertikale Differenzierung kann mit einer horizontalen Differenzierung einhergehen, wenn der Plan einer Stufe in mehrere Teilpläne einer nachfolgenden Stufe mit jeweils geringerem Planungsumfang differenziert wird. Abb. 6 zeigt die Struktur eines Systems von Plänen bei **vertikaler und horizontaler Differenzierung**.

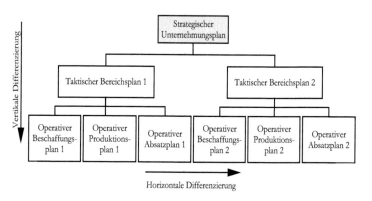

Abb. 6: System von Plänen bei horizontaler und vertikaler Differenzierung

Sowohl bei horizontaler als auch bei vertikaler Differenzierung können die Teilpläne nach sachlichen oder zeitlichen Kriterien abgegrenzt werden. Einen Überblick über diese **Differenzierungsformen** gibt Abb. 7 (vgl. hierzu auch Wild [Unternehmungsplanung] 166; Wall [Kontrollsysteme] 92).

Art der Differen- zierung		Beispiele für Teilpläne
horizontal	sachlich	Teilpläne für verschiedene Funktionsbe-reiche (Absatz-, Produktions-, Beschaf-fungsplan), Teilpläne für verschiedene Produkte, Teilpläne für verschiedene Regionen
	zeitlich	Teilpläne für verschiedene Perioden (Produktionsprogramm für die Perioden 1, 2 usw.)
vertikal	sachlich	Teilpläne, zwischen denen Mittel-Zweck-Beziehungen bestehen. Teilpläne unterer Stufen sind Bestandteile der Teilpläne der jeweils übergeordneten Stufe und konkretisieren diese (z. B. Ziel-, Maßnahmen- und Ressourcenplan oder Unternehmungs-, Bereichs- und Abteilungsplan)
	zeitlich	Teilpläne mit unterschiedlicher zeitlicher Reichweite (kurz-, mittel- und langfristige Pläne)

Abb. 7: Formen der Differenzierung

[1] Sachlich-horizontale Differenzierung

Zwischen den Entscheidungen der Teilpläne, die durch sachlich-horizontale Differenzierung abgegrenzt werden, können **Sachinterdependenzen** bestehen. Als Beispiele können ein Prozessverbund durch Lieferbeziehungen zwischen Beschaffung, Produktion und Absatz (Differenzierung nach Funktionsbereichen) genannt werden, ein Restriktionenverbund, der durch die gemeinsame Nutzung der Ressourcen durch mehrere Produkte entsteht (Differenzierung nach Produkten) oder ein Zielverbund durch Mengenrabatte bei gemeinsamer Beschaffung einer

Materialart für mehrere Produktarten (Differenzierung nach Produkten). Diese Interdependenzen lösen einen Bedarf an horizontaler Koordination der Teilpläne aus.

[2] Zeitlich-horizontale Differenzierung

Interdependenzen zwischen den Entscheidungen aufeinanderfolgender Perioden entstehen dadurch, dass die Entscheidungen zu einem Zeitpunkt Bedingungen schaffen, die den Handlungsspielraum nachfolgender Entscheidungen verändern oder die Zielwirkungen dieser nachfolgenden Entscheidungen beeinflussen. Für diese Interdependenzen findet sich in der Literatur auch die Bezeichnung „**dynamische Interdependenzen**" (vgl. Luhmer [Koordination] 1035). Es können folgende Beispiele für Entscheidungen verschiedener Zeitpunkte genannt werden, zwischen denen solche Interdependenzen bestehen:

Prozessverbund: In einer Unternehmung mit marktorientierter Produktion unterliegt die Nachfrage Schwankungen. Auch wenn die Periodenkapazität ausreicht, die Periodennachfrage zu decken, kann der Fall auftreten, dass die Nachfrage einer Teilperiode die entsprechende Kapazität übersteigt. Sind in den Vorperioden keine Lagerbestände gebildet worden, kann die Nachfrage nicht gedeckt werden.

Restriktionenverbund: In einer Unternehmung mit auftragsbezogener Fertigung geht ein Auftrag ein, der mit einem positiven Deckungsbeitrag verbunden ist. Bei Annahme des Auftrags wären die Kapazitäten für sechs Monate ausgelastet. Aufträge, die nach Annahme des ersten Auftrags eingehen, müssten u. U. abgelehnt werden, auch wenn ihr Deckungsbeitrag höher als der des ersten Auftrags ist (vgl. zu dieser Fragestellung Schildbach/Ewert [Preisuntergrenzen] 233).

Zielverbund: In einer Unternehmung wird regelmäßig eine geringe Menge eines Einsatzgutes benötigt. Durch die Zusammenfassung des Bedarfs mehrerer Perioden können Kostenvorteile durch Mengenrabatte und die Verringerung der Zahl der Bestellungen erzielt werden, denen jedoch steigende Lager- und Zinskosten gegenüberstehen.

[3] Sachlich-vertikale Differenzierung

Bei der sachlich-vertikalen Differenzierung entsteht eine **Planhierarchie**, d. h. Pläne, die einander hierarchisch über- oder untergeordnet sind. Übergeordnete Pläne legen für die ihnen untergeordneten Teilpläne die Ziele, die verfügbaren Ressourcen oder die Umrisse von Maßnahmen fest und geben damit den Rahmen vor, in dem die untergeordneten Teilpläne zu formulieren sind.

Die untergeordneten Teilpläne ergeben sich durch Differenzierung, Detaillierung und Präzisierung des übergeordneten Plans. Die Pläne verschiedener Stufen der Planhierarchie sind über Instrumentalrelationen verbunden, d. h., ein untergeordneter Teilplan ist ein Mittel zur Erreichung eines übergeordneten Plans (vgl. Wild [Unternehmungsplanung] 166). Die Realisierbarkeit und die Zielwirkungen übergeordneter Pläne hängen von der Ausgestaltung untergeordneter Teilpläne ab. Ohne Kenntnis untergeordneter Teilpläne können die Realisierbarkeit und die Zielwirkungen übergeordneter Pläne nicht beurteilt werden. Andererseits können untergeordnete Teilpläne ohne Kenntnis der übergeordneten Pläne nicht erstellt werden, da weder die zu verfolgenden Ziele (Ausgangsziele) noch die verfügbaren Ressourcen bekannt sind (vgl. Wild [Unternehmungsplanung] 73). Diese Abhängigkeiten zwischen den Plänen verschiedener Stufen der Planhierarchie werden auch als **vertikale Interdependenzen** bezeichnet (vgl. Wild [Unternehmungsplanung] 192).

Bei sachlich-vertikaler Differenzierung tritt ein Bedarf an

- horizontaler Abstimmung der Teilpläne einer Stufe und
- vertikaler Abstimmung der Teilpläne verschiedener Stufen

auf (vgl. Töpfer [Kontrollsysteme] 116). Der Bedarf an **horizontaler Abstimmung** folgt aus der horizontalen Differenzierung von Plänen untergeordneter Ebenen in Teilpläne mit geringerem Planungsumfang. Die beschriebenen Wirkungen der Instrumentalrelationen zwischen den Plänen verschiedener Stufen verlangen nach einer **vertikalen Abstimmung**.

> In einer divisional organisierten Unternehmung werden im Plan der oberen Stufe die Höhe der Investitionsmittel einer Periode und ihre Verteilung auf die Unternehmungsbereiche festgelegt. Gegenstand der Teilpläne auf der mittleren Stufe ist die Verteilung der Investitionsmittel der Unternehmungsbereiche auf die Funktionsbereiche. Auf der unteren Stufe werden die Investitionsvorhaben geplant. Die Beurteilung der Zielwirkungen des Investitionsplans der oberen Stufe ist ohne Kenntnis der Investitionsvorhaben, die auf der unteren Stufe geplant werden, nicht möglich. Ohne die Vorgaben übergeordneter Pläne ist keine Planung der Investitionsvorhaben auf der unteren Ebene möglich, da die Finanzierbarkeit und damit die Zulässigkeit alternativer Investitionsvorhaben nicht beurteilt werden kann (**vertikale Interdependenzen**). Die Pläne zu den verschiedenen Investitionsvorhaben auf der unteren

Stufe der Planhierarchie sind aufgrund der begrenzt verfügbaren Investitionsmittel (Restriktionenverbund) und der zwischen den Bereichen bestehenden Lieferbeziehungen (Prozessverbund) interdependent.

[4] Zeitlich-vertikale Differenzierung

Um die Komplexität der Planung zu reduzieren, werden Pläne zeitlich-horizontal in mehrere kurzfristige Teilpläne differenziert, die über Sachinterdependenzen verbunden sein können. Die zeitlich-horizontale Differenzierung steht damit der **Koordinationsfunktion** der Planung entgegen. Sie beeinträchtigt aber auch die **Flexibilitätserhöhung**, die mit der Planung erreicht werden soll. Durch die Begrenzung der Planung auf einen kurzfristigen Planungszeitraum werden zukünftige Probleme u. U. zu spät erkannt. Es können Zeit- oder Sachzwänge entstehen, durch die zielwirksame Maßnahmen nicht mehr erarbeitet oder realisiert werden können. Mit der zeitlich-vertikalen Differenzierung sollen die Voraussetzungen geschaffen werden, um die Komplexität der Planung durch zeitliche Differenzierung ohne Beeinträchtigung der Entscheidungskoordination und der Flexibilität zu reduzieren.

> Die **zeitlich-vertikale Differenzierung** ist dadurch gekennzeichnet, dass neben einem kurzfristigen Detailplan auch ein langfristiger Globalplan erstellt wird.

In einer Unternehmung werden drei Produktgruppen mit jeweils vier Produkten produziert. Die Programmplanung wird zeitlich-vertikal differenziert. Der **kurzfristige Teilplan** legt für jedes der zwölf Produkte die Mengen fest, die in jeder Woche des nächsten Quartals produziert werden sollen. Die Angaben im **langfristigen Teilplan** legen die Mengen jeder der drei Produktgruppen fest, die in jedem Monat des Planjahres produziert werden sollen.

Maßgebend für die **Fristigkeit der Pläne** bei zeitlich-vertikaler Differenzierung ist der Planungszeitraum (vgl. Pfohl [Planung] 120 f.). Dieser ist einer von fünf Zeiträumen, die bei der Planung unterschieden werden (vgl. Töpfer [Kontrollsysteme] 105):

- **Aufstellungszeitraum**: Zeitraum, in dem ein Plan erstellt wird (Erstellung eines Investitionsplans für den Produktionsbereich);
- **Realisationszeitraum**: Zeitraum, in dem ein Plan realisiert wird (Zeitraum bis zur Einsatzbereitschaft der Maschine);
- **Planungszeitraum**: Zeitraum, für den geplant wird (geplante Nutzungsdauer der Maschine);
- **Wirkungshorizont**: Zeitraum, in dem der Plan zielwirksam ist (Verweildauer der Maschine in der Unternehmung bis zur Verschrottung/Liquidation);
- **Planungszyklus**: Zeitraum, der zwischen der Verabschiedung von Plänen der gleichen Art liegt (Erstellung des nächsten Investitionsplans für den Produktionsbereich). Der Planungszyklus definiert den Rhythmus, in dem ein Plan neu erstellt oder überarbeitet wird.

Die vertikale Differenzierung bei **kombinierter Anwendung zeitlicher und sachlicher Kriterien** führt zu einer Planhierarchie mit den drei folgenden Stufen:

- strategischer Plan,
- taktische Pläne sowie
- operative Pläne.

Abb. 8 gibt einen Überblick über die verschiedenen Merkmale dieser Stufen der Planhierarchie (vgl. Wild [Unternehmungsplanung] 166 ff.; Pfohl [Planung] 122 ff.). Eine ähnliche Übersicht findet sich bei Koch ([Unternehmensplanung] 38). Koch unterscheidet jedoch zwischen strategischen, operativen und taktischen Plänen, wobei der taktische Plan sowohl dem strategischen als auch dem operativen Plan untergeordnet ist.

Stufe	Abgrenzung	
strategischer Plan	Planungsbereich	Unternehmung
	Planungszeitraum	langfristig
	Planungsgegenstand	langfristige Rahmenplanung (grundsätzliche Entwicklung der gesamten Unternehmung)
	Differenzierungsgrad	gering (Unternehmungsplan)
	Detaillierungsgrad	gering (Globalplan)
	Präzisionsgrad	gering (qualitative Informationen, Grobplan)
	Planungsträger	oberes Management (Unternehmungsleitung)
taktischer Plan	Planungsbereich	sachlich abgegrenzter Ausschnitt des Planungsbereichs der strategischen Planung
	Planungszeitraum	Teilperiode des Planungszeitraums der strategischen Planung

	Planungsgegenstand	Konkretisierung des zeitlich und sachlich abgegrenzten Ausschnitts des strategischen Plans
	Differenzierungsgrad	mittel (Unternehmungsbereiche)
	Detaillierungsgrad	mittel
	Präzisionsgrad	quantitative und qualitative Informationen
	Planungsträger	mittleres Management (Bereichsleitung)
operativer Plan	Planungsbereich	sachlich abgegrenzter Ausschnitt des Planungsbereichs der taktischen Planung
	Planungszeitraum	Teilperiode des Planungszeitraums der taktischen Planung
	Planungsgegenstand	Umsetzung des zeitlich und sachlich abgegrenzten Ausschnitts des taktischen Plans in konkrete Durchführungspläne
	Differenzierungsgrad	hoch
	Detaillierungsgrad	hoch (Detailplan)
	Präzisionsgrad	hoch (Wert-, Mengen-, Zeitgrößen; Feinplan)
	Planungsträger	unteres Management (Gruppenleitung)

Abb. 8: Abgrenzung strategischer, taktischer und operativer Pläne

Der Umfang der Planung und die Art der Differenzierung in Teilpläne werden im **Planrahmen** festgeschrieben. Dieser enthält strukturierte Angaben zu allen Plänen, die regelmäßig erstellt werden sollen, sowie den Beziehungen zwischen ihnen. Die Angaben zu diesen Beziehungen erstrecken sich auf die zwischen den Teilplänen bestehenden Interdependenzen, die Reihenfolge, in der diese Pläne erstellt werden sollen, sowie den Informationen eines Teilplans, die bei der Erstellung nachfolgender Pläne zu berücksichtigen sind (vgl. Bleicher [Planrahmen] 1407, 1409).

2.2.3 Formen der Planungssequenz

Durch die Planungssequenz wird die zeitliche Lage des Aufstellungszeitraums jedes Teilplans zu dem der anderen Teilpläne festgelegt. Erstellt werden können die Teilpläne nach dem Sequenz- oder dem Parallelprinzip. Diese Prinzipien eröffnen unterschiedliche Möglichkeiten für die Abstimmung **sachlich-horizontal differenzierter Teilpläne**.

> Die **Planungssequenz** gibt vor, wie sachlich-horizontal differenzierte Teilpläne aufeinander abgestimmt werden.

An die Abstimmung sachlich-horizontal differenzierter Teilpläne werden zwei **Anforderungen** gestellt. Zum einen soll das Abstimmungsproblem von geringer Komplexität sein. Zum anderen soll ein hoher Abstimmungsgrad der Teilpläne erreicht werden.

Als **Formen der Planungssequenz** werden genannt (vgl. Frese/Graumann/Theuvsen [Organisation] 154 ff.):

- die sequentielle Planung,
- die parallele Planung und
- die Gruppenplanung in der Form
  - der sequentiellen Gruppenplanung und
  - der parallelen Gruppenplanung.

Bei der **sequentiellen Planung** werden den Teilplänen Prioritäten zugeordnet. Die Teilpläne werden anschließend in der Reihenfolge dieser Prioritäten erstellt. Die Inhalte eines Teilplans sind für die nachfolgend zu erstellenden Teilpläne niedrigerer Priorität Restriktionen (vgl. Abb. 9). Bei der Planung der Leistungserstellung und -verwertung wird z. B. zuerst der Absatzplan formuliert. Auf der Basis des geplanten Absatzprogramms wird das Produktionsprogramm festgelegt. Dieses bildet wiederum den Ausgangspunkt für die Planung des Beschaffungsprogramms. Dieses Planungsprinzip eignet sich vor allem, wenn die Entscheidungen in den verschiedenen Teilplänen nur einseitig voneinander abhängig sind.

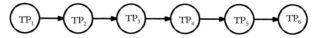

Abb. 9: Sequentielle Planung

Liegen wechselseitige Abhängigkeiten der Entscheidungen verschiedener Teilpläne vor, ist das Prinzip der **parallelen Planung** anzuwenden (vgl. Abb. 10). Hierbei werden die Teilpläne unabhängig voneinander erstellt, anschließend werden sie abgestimmt und zu einem Gesamtplan zusammengefasst (vgl. Frese/Graumann/Theuvsen [Organisation] 156). Da sich die Abstimmung auf alle Teilpläne erstreckt, kann bei paralleler Planung auch bei wechselseitigen Abhängigkeiten ein hoher Abstimmungsgrad der Teilpläne erreicht werden. Dadurch ist jedoch das Abstimmungsproblem sehr komplex.

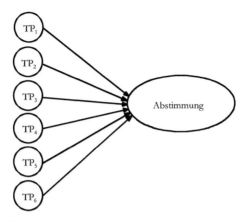

Abb. 10: Parallele Planung

Eine Verringerung der Komplexität des Abstimmungsproblems ist bei wechselseitigen Abhängigkeiten durch die Gruppenplanung möglich. Bei der **sequentiellen Gruppenplanung** werden mehrere Teilpläne zu Gruppen zusammengefasst, denen anschließend Prioritäten zugeordnet werden. Die Teilpläne innerhalb der Gruppen werden parallel geplant, die Gruppen dagegen seriell, d. h., sie werden in der Reihenfolge der Prioritäten erstellt (vgl. Abb. 11). Werden die Gruppen zunächst unabhängig voneinander geplant und anschließend abgestimmt und zu einem Gesamtplan zusammengefasst, liegt eine **parallele Gruppenplanung** vor (vgl. Abb. 12). Das Abstimmungsverfahren ist bei der parallelen Gruppenplanung komplexer als bei der sequentiellen. Allerdings kann mit der parallelen Gruppenplanung ein höherer Abstimmungsgrad erreicht werden, da alle wechselseitigen Abhängigkeiten Berücksichtigung finden können. Bei der sequentiellen Gruppenplanung können dagegen nur die wechselseitigen Abhängigkeiten zwischen den Teilplänen einer Gruppe in die Abstimmung einbezogen werden.

66 2 Merkmale von Planungssystemen

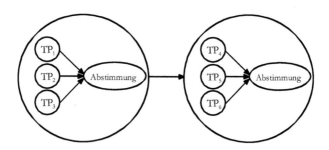

Abb. 11: Sequentielle Gruppenplanung

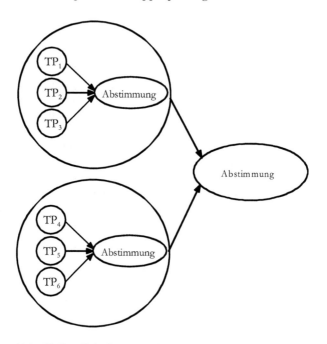

Abb. 12: Parallele Gruppenplanung

2.2.4 Verkettung und Integration von Teilplänen

Von der Art der zeitlichen Verkettung **zeitlich-vertikal differenzierter Teilpläne** hängt es ab, ob eine Planhierarchie entsteht, d. h. die langfristigen Pläne einen Rahmen vorgeben, der von kurzfristigen Plänen detailliert und präzisiert wird. Die Art der zeitlichen Verkettung ist entscheidend für den Integrationsgrad zeitlich-vertikal differenzierter Teilpläne.

> Der **Integrationsgrad** zeitlich-vertikal differenzierter Teilpläne beschreibt, in welchem Umfang zwischen einem kürzer- und einem längerfristigen Teilplan eine Mittel-Zweck-Beziehung besteht, d. h. der langfristige Teilplan einen Rahmen darstellt, der durch den kurzfristigen Teilplan detailliert und präzisiert wird. Bei vollständiger Integration geht der kurzfristige Teilplan vollständig in den langfristigen auf und ein Gesamtplan entsteht.

Mit der **zeitlichen Verkettung** zeitlich-vertikal differenzierter Teilpläne wird die zeitliche Lage des Planungszeitraums des kurz-, mittel- und langfristigen Teilplans bestimmt. Die Planungszeiträume der Teilpläne können aufeinanderfolgen, sie können sich überlappen, der Planungszeitraum des langfristigen Teilplans kann den des kurzfristigen Teilplans auch komplett umschließen. Arten der **zeitlichen Verkettung** der Teilpläne verschiedener Fristigkeit sind:

- die Reihung,
- die Staffelung und
- die Schachtelung.

> Die **Reihung** ist durch die lückenlose und überschneidungsfreie Aneinanderreihung der Planungszeiträume der kurz-, mittel- und langfristigen Teilpläne gekennzeichnet (vgl. Abb. 13).

Koordiniert werden die durch Reihung verketteten Teilpläne, indem die Inhalte eines Teilplans der nachfolgenden Teilplanung als Restriktion vorgegeben werden. Die Teilpläne unterschiedlicher Fristigkeit sind bei dieser Art der Verkettung nicht integriert.

> Im Beispiel zur zeitlich-vertikalen Differenzierung in Abschnitt 2.2.2 würde sich bei Reihung der kurzfristige Programmplan auf das 1. Quartal und der langfristige Programmplan auf das 2., 3. und 4. Quartal sowie das 1. Quartal des folgenden Jahres erstrecken. In den jeweils nachfolgenden Teilplan würden nur Informationen über die Lagerbestände oder Fehlmengen aus dem zuerst erstellten Teilplan eingehen.

Erstreckt sich der langfristige Teilplan auf Teile des Planungszeitraums des mittelfristigen Teilplans und der mittelfristige Teilplan auf Teile des Planungszeitraums des kurzfristigen Teilplans, liegt **Staffelung** vor (vgl. Abb. 13).

Bei dieser Art der Verkettung gibt der langfristige Teilplan für einen Teil des Planungszeitraums einen Rahmen für den mittelfristigen Teilplan vor, der durch diesen zu detaillieren und zu präzisieren ist. Es liegt eine Teilintegration des kurzfristigen in den mittelfristigen und des mittelfristigen in den langfristigen Teilplan vor. Das verlangt nach einer **Abstimmung** zwischen den Teilplänen verschiedener Fristigkeiten.

> Erstreckt sich der langfristige Teilplan vom 3. Monat des ersten Quartals bis zum Ende des zweiten Monats des folgenden Jahres, sind bei der Erstellung des kurzfristigen Plans die im 3. Monate zu produzierenden Mengen der Produkte mit den Produktionsmengen der Produktgruppen abzustimmen, die im langfristigen Plan für den ersten Monat festgeschrieben sind.

> Die **Schachtelung** ist dadurch gekennzeichnet, dass der langfristige Teilplan den Planungszeitraum des mittel- und des kurzfristigen Teilplans und der mittelfristige Teilplan den Planungszeitraum des kurzfristigen Teilplans jeweils vollständig umschließt (vgl. Abb. 13).

Die Schachtelung verlangt, dass die zunächst unabhängig voneinander erstellten Teilpläne abgestimmt und zu einem Gesamtplan zusammengefasst werden. Der mittelfristige Teilplan ist danach ein Bestandteil des langfristigen Teilplans und konkretisiert diesen für einen Ausschnitt des Planungszeitraums (vgl. Wild [Unternehmungsplanung] 171 f.). Der kurzfristige Teilplan ist vollständig in den mittelfristigen Teilplan integriert, der wiederum vollständig in den langfristigen Teilplan integriert ist. Nur bei der Schachtelung entsteht eine **Planhierarchie**, die der bei der sachlich-vertikalen Differenzierung vergleichbar ist.

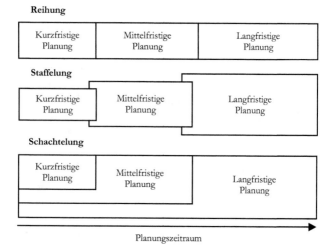

Abb. 13: Arten der zeitlichen Verkettung

Bei der Schachtelung wird die Entwicklung der Unternehmungs- und Umweltbedingungen und der erwarteten Zielabweichung während des gesamten Planungszeitraums betrachtet. Werden zeitlich-vertikal differenzierte Teilpläne nach dem Prinzip der Reihung oder Staffelung verkettet, wird immer nur für die während eines bestimmten Abschnitts des Planungszeitraums erwartete Zielabweichung geplant. Es werden Maßnahmen zur Lösung von mehreren Teilproblemen ohne Kenntnis des Gesamtproblems erarbeitet. Soll mit der Planung die **Flexibilität** bei der Festlegung der Handlungen zur Zielerreichung erhöht werden, sollten die zeitlich-vertikal differenzierten Teilpläne deshalb nach dem Prinzip der Schachtelung verkettet werden.

Die Verkettung kann sich nicht nur auf Pläne verschiedener Fristigkeit eines Planungszyklus beziehen, sondern auch auf die Pläne **verschiedener Planungszyklen** (vgl. Gaitanides [Konzepte] 2260 f.). Das führt zur Unterscheidung

- der intrazyklischen und
- der interzyklischen Verkettung.

Ein Beispiel für eine **interzyklische Verkettung von Teilplänen** verschiedener Fristigkeit zeigt Abb. 14. In diesem Beispiel erstreckt sich der Planungszeitraum eines kurzfristigen Teilplans auf den Planungszeitraum des langfristigen Teilplans aus dem vorhergehenden Planungszyklus. Das bedeutet, dass der langfristige Plan den Rahmen des kurzfristigen Teilplans des nachfolgenden Planungszyklus vorgibt. Der kurzfristige Teilplan ergibt sich aus der Detaillierung und Präzisierung des langfristigen Plans aus dem vorhergehenden Planungszyklkus. Es liegt damit eine interzyklische Verkettung nach dem Prinzip der Schachtelung vor. Innerhalb des Planungszyklus sind die kurz- und langfristigen Teilpläne nach dem Prinzip der Reihung verkettet (intrazyklische Verkettung).

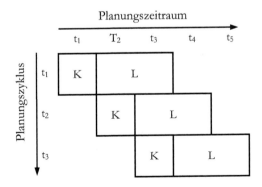

Abb. 14: Inter- und intrazyklische Verkettung

2.2.5 Ansätze zur Flexibilisierung der Planung

Notwendigkeit einer Flexibilisierung der Planung

Eine Flexibilisierung der Planung ist erforderlich, wenn folgende Situation gegeben ist (vgl. Hax/ Laux [Planung] 319):

- Für einen Planungszeitraum sind zeitlich-horizontal differenzierte Teilentscheidungen zu treffen.
- Der Handlungsspielraum einer Teilentscheidung hängt von den Teilentscheidungen für die Vorperiode und dem vorliegenden Umweltzustand ab.
- Die Erwartungen über diesen Umweltzustand sind mehrwertig. Es werden mindestens zwei Umweltzustände für möglich gehalten.

Die Abhängigkeit des Handlungsspielraums einer Teilentscheidung von den Teilentscheidungen für die Vorperiode verlangt, dass die Maßnahmen der verschiedenen Teilperioden zu Beginn des Planungszeitraums nach dem Prinzip der parallelen Planung erstellt werden. Zu Beginn des Planungszeitraums ist jedoch die Umweltentwicklung nicht mit Sicherheit bekannt. Da während des Planungszeitraums weitere Informationen zugehen, ist es zweckmäßig, über die Maßnahmen späterer Teilperioden erst dann zu entscheiden, wenn diese Informationen tatsächlich vorliegen. Es besteht damit ein **Dilemma** zwischen den Forderungen nach Abstimmung und Aktualität zeitlich-horizontal differenzierter Entscheidungen (vgl. Laux/

Liermann [Organisation] 46 ff.). Dieses Dilemma kann weder mit der starren noch mit der anschließenden Planung aufgelöst werden (vgl. Abb. 15).

> Bei der **starren Planung** werden die Maßnahmen aller Teilperioden des Planungszeitraums zu Beginn des Planungszeitraums geplant, so dass die zwischen den Entscheidungen über diese Maßnahmen bestehenden Interdependenzen berücksichtigt werden können.

Die Teilpläne der Teilperioden sind bei diesem Planungsverfahren für den gesamten Planungszeitraum verbindlich. Die starre Planung erlaubt keine Anpassung der Teilpläne an einen veränderten Informationsstand. Ergebnis ist damit eine starre Sequenz von Teilplänen (vgl. Hax/Laux [Planung] 320; Adam [Planung] 299).

> Bei der **anschließenden Planung** werden die Pläne der Teilperioden eines Planungszeitraums zu Beginn der jeweiligen Teilperiode erstellt, d. h. der Plan einer Teilperiode wird erstellt, realisiert und nach Abschluss der Teilperiode durch einen neuen Teilplan ersetzt.

Dadurch wird es möglich, den Teilentscheidungen die jeweils aktuellen Informationen zugrunde zu legen. Die Interdependenzen zwischen den Entscheidungen verschiedener Teilperioden werden bei der anschließenden Planung nicht berücksichtigt (vgl. Gaitanides [Konzepte] 2262 f.).

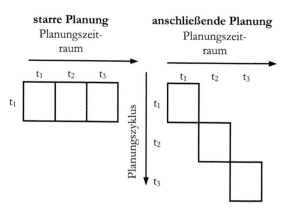

Abb. 15: Starre und anschließende Planung

Die Antwort auf das Dilemma zwischen der Forderung nach Abstimmung und Aktualität wird in einer **flexiblen Planung** gesehen. Sie ist durch zwei Merkmale gekennzeichnet:

- die Erstellung der Teilpläne für alle Teilperioden eines Planungszeitraums nach dem Prinzip der parallelen Planung zu Beginn des Planungszeitraums sowie
- die Anpassung der Teilpläne an einen veränderten Informationsstand jeweils zu Beginn einer Teilperiode.

Es werden zwei **Prinzipien zur Flexibilisierung der Planung** vorgeschlagen, die sich in der Anpassung des Plans an später zugehende Informationen unterscheiden (vgl. Wild [Unternehmungsplanung] 176; Dinkelbach

[Planung] 510 f.): die laufende Anpassung der Teilpläne sowie die Vorwegnahme möglicher Anpassungsnotwendigkeiten.

Laufende Anpassung der Teilpläne

Den Verfahren, die auf der laufenden Anpassung der Teilpläne beruhen, ist gemeinsam, dass **Annahmen über die zukünftige Umweltentwicklung** getroffen werden, die als Prämissen in die Teilpläne eingehen. Weichen die tatsächlichen Umweltbedingungen von diesen Annahmen ab, kann es zu Zielabweichungen kommen. Um negative Zielabweichungen zu vermeiden, werden die Teilpläne laufend kontrolliert und angepasst. Zu den Verfahren, die eine laufende Anpassung der Teilpläne vorsehen, zählen [1] die rollende Planung und [2] die revolvierende Planung.

> Das **Grundprinzip** der laufenden Anpassung der Teilpläne lässt sich wie folgt beschreiben: Zu Beginn des Planungszeitraums werden die Pläne aller Teilperioden des Planungszeitraums unter Annahme einer zukünftigen Umweltentwicklung nach dem Prinzip der parallelen Planung erstellt. Die Pläne der Teilperioden werden während des Planungszeitraums nach einem festgelegten Rhythmus kontrolliert und angepasst.

[1] Rollende Planung

Bei der rollenden Planung werden zu Beginn des Planungszeitraums (**erster Planungszyklus**) die zeitlich-horizontal differenzierten Teilpläne aller Teilperioden erstellt. Für die erste Teilperiode wird detailliert geplant, die nachfolgenden Teilperioden werden global geplant. Die

Teilpläne eines Planungszyklus sind nach dem Prinzip der Reihung verkettet. Nach Ablauf der ersten Teilperiode (**zweiter Planungszyklus**) wird unter Berücksichtigung der zusätzlichen Informationen über die Umweltentwicklung der Globalplan der zweiten Teilperiode konkretisiert, d. h., er wird in einen Detailplan überführt. Die übrigen Globalpläne bleiben unverändert und werden nicht an den aktuellen Informationsstand angepasst. Weiterhin wird für die Teilperiode, die der letzten Teilperiode im Planungszeitraum folgt, ein weiterer Globalplan erstellt. Abb. 16 zeigt die Struktur der rollenden Planung während eines Planungszeitraums bei fünf Teilperioden. Nach dem Ende der 5. Teilperiode beginnt der beschriebene Prozess von Neuem. Es werden wieder ein Detailplan für die erste Teilperiode und vier Globalpläne für die nachfolgenden vier Teilperioden erstellt.

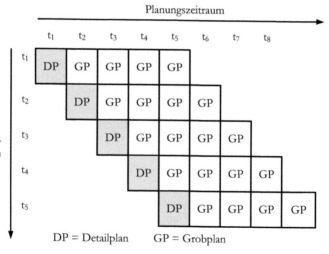

Abb. 16: Rollende Planung

Zusammenfassend können die folgenden **Merkmale der rollenden Planung** genannt werden, für die sich auch die Bezeichnung „gleitende Planung" findet (vgl. Gaitanides [Konzepte] 2263 f.):

- Zu Beginn des Planungszeitraums werden die Pläne aller Teilperioden geplant.
- Für die erste Teilperiode wird ein Detailplan, für die nachfolgenden Teilperioden werden dagegen Globalpläne erstellt.
- Nach Ablauf jeder Teilperiode wird der Globalplan der nachfolgenden Teilperiode in einen Detailplan überführt und ein neuer Globalplan für eine nachfolgende Teilperiode erstellt. Der vorliegende Plan wird damit sowohl konkretisiert als auch fortgeschrieben.

Es haben sich mehrere **Varianten der rollenden Planung** herausgebildet. Sie unterscheiden sich vor allem in folgenden Merkmalen (vgl. Troßmann [Prinzipien] 126):

- der Anzahl der Planungsstufen,
- dem Konkretisierungsrhythmus (Detaillierung der Globalpläne) sowie
- dem Fortschreibungsrhythmus (Erstellung eines neuen Globalplans).

Abb. 17 zeigt eine rollende Vierjahresplanung mit zwei Planungsstufen sowie **unterschiedlichem Konkretisierungs- und Fortschreibungsrhythmus**. Die Detailpläne sind jeweils in zwei Halbjahrespläne differenziert. Nach Ablauf eines Halbjahres wird der Globalplan des Folgejahres für die erste Jahreshälfte konkretisiert. Der Gesamtplan wird jedoch erst nach Ablauf eines Jahres fortgeschrieben (vgl. Troßmann [Prinzipien] 124).

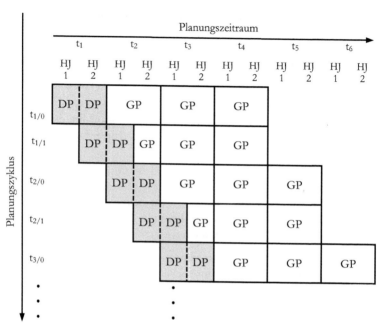

Abb. 17: Rollende Vierjahresplanung

Eine weitere Variante der rollenden Planung ist die **Blockplanung**. Bei ihr werden die Pläne nicht bereits nach Ablauf der ersten Teilperiode angepasst, sondern erst, wenn veränderte Umweltbedingungen eine Änderung, Ergänzung oder Totalrevision notwendig machen (vgl. Gaitanides [Konzepte] 2264).

Bei der rollenden Planung werden die Pläne aller Teilperioden vor Beginn des Planungszeitraums erstellt, d. h., die **Abhängigkeit** der Handlungsspielräume einer Teilperiode von den Entscheidungen für die Vorperioden kann berücksichtigt werden. Die Konkretisierung und Fortschreibung werden jedoch nach dem Prinzip der sequentiellen Planung vorgenommen, d. h., ihre Wirkung auf die Entscheidungen nachfolgender Teilperioden wird nicht berücksichtigt. Die rollende Planung ermöglicht die Anpassung an den aktuellen Informationsstand. Diese **Anpassung** ist jedoch nur begrenzt möglich, da sie sich nur auf die Konkretisierung der Globalpläne bezieht, die Globalpläne aber zu keinem Zeitpunkt vor dem Hintergrund des aktuellen Informationsstandes kritisch hinterfragt werden.

[2] Revolvierende Planung

Eine weitergehende Anpassung der Teilpläne erlaubt die revolvierende Planung. Sie weist die folgenden **Merkmale** auf (vgl. Szyperski/Winand [Grundbegriffe] 56; Gaitanides [Konzepte] 2265 f.):

- Zu Beginn des Planungszeitraums (erster Planungszyklus) werden die zeitlich-vertikal differenzierten und nach dem Prinzip der Schachtelung verketteten Teilpläne erstellt.
- Die Teilpläne werden deduktiv entwickelt, d. h. die Pläne unterer Stufen werden von dem Plan der höchsten Stufe aus aufgebaut (vgl. hierzu auch Abschnitt 2.3.3).
- Die Teilpläne werden regelmäßig geprüft, konkretisiert, geändert und fortgeschrieben.

Bei der revolvierenden Planung werden die Teilpläne vorgelagerter Planungszyklen anders als bei der rollenden Planung nicht nur konkretisiert, sondern auch an einen veränderten Informationsstand angepasst. Abb. 18 zeigt die Struktur der revolvierenden Planung bei drei Planungsstufen.

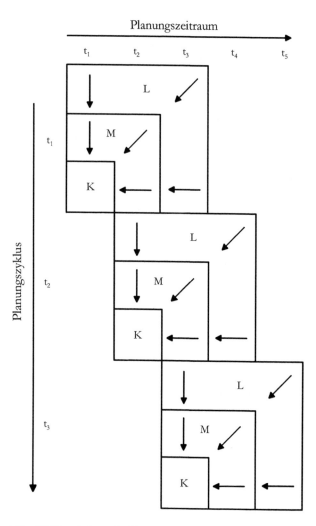

Abb. 18: Revolvierende Planung

Vorwegnahme möglicher Anpassungsnotwendigkeiten

Bei diesem Prinzip zur Flexibilisierung der Planung wird nicht wie bei der rollenden und der revolvierenden Planung von einer angenommenen Umweltentwicklung ausgegangen.

> Bei der Vorwegnahme möglicher Anpassungsnotwendigkeiten wird für **mehrere denkbare Umweltentwicklungen** jeweils ein Plan für alle Teilperioden des Planungszeitraums erstellt, d. h., die Pläne der verschiedenen Teilperioden werden zu Beginn des Planungszeitraums zunächst für mehrere als möglich angesehene Umweltentwicklungen geplant. Anschließend wird nur über den Plan der ersten Teilperiode des Planungszeitraums unter Berücksichtigung der Wirkungen auf die Handlungsspielräume der folgenden Teilperioden definitiv entschieden. Entscheidungen über die Pläne der folgenden Teilperioden im Planungszeitraum werden erst dann getroffen, wenn weitere Informationen über die Umweltentwicklung vorliegen.

Die Notwendigkeit, die Pläne beim Zugang neuer Informationen anpassen zu müssen, wird bei diesen Verfahren damit von vornherein in Betracht gezogen. **Verfahren**, die eine Flexibilisierung der Planung durch die Vorwegnahme möglicher Anpassungsnotwendigkeiten herbeiführen, sind die sequentielle Eventualplanung sowie die robuste Planung (vgl. Ossadnik [Unternehmenspläne] 380). Die Verfahren unterscheiden sich in den Anforderungen, die sie an die Informationsgrundlage stellen, in der Auswahl der Alternative für die definitive Entscheidung für die erste Teilperiode sowie in dem Umfang der Entscheidung vor Beginn des Planungszeitraums.

[1] Sequentielle Eventualplanung

Bei der sequentiellen Eventualplanung wird zu Beginn des Planungszeitraums (erster Planungszyklus) für die erste Teilperiode eine **definitive Entscheidung** getroffen. Für die nachfolgenden Teilperioden werden nur bedingte Entscheidungen getroffen, die auch als Eventualentscheidungen bezeichnet werden.

> Eine **bedingte Entscheidung** hat die Form einer Wenn-Dann-Aussage mit einem denkbaren Umweltzustand in der Wenn-Komponente und der bei Eintritt dieses Umweltzustands zu realisierenden Alternative in der Dann-Komponente.

Liegen im zweiten Planungszyklus aktuelle Informationen über die tatsächliche Umweltentwicklung vor, wird die für diese Umweltentwicklung vorgesehene Alternative realisiert.

Bei Anwendung dieses Planungsverfahrens wird zu Beginn des Planungszeitraums (erster Planungszyklus) die **Sequenz von definitiven und bedingten Teilentscheidungen** ausgewählt, die den Erwartungsnutzen optimiert (vgl. Eisenführ/Weber/Langer [Entscheiden] 286 ff.). Der Einsatz der sequentiellen Eventualplanung setzt damit voraus, dass für jeden Umweltzustand, der im Zeitpunkt t (t = 1, ..., T-1) eintreten kann, die Eintrittswahrscheinlichkeit für die im Zeitpunkt t+1 denkbaren Umweltzustände angegeben werden kann (vgl. Ossadnik [Unternehmenspläne] 381).

Für die Bestimmung der optimalen Sequenz von definitiven und bedingten Teilentscheidungen ist das Planungsproblem zunächst als Entscheidungsbaum darzustellen. Ein **Entscheidungsbaum** gibt alle Sequenzen aus Teilentscheidungen für den gesamten Planungszeitraum an. Elemente eines Entscheidungsbaums sind rechteckige und kreisförmige Knoten, die durch gepunktete oder durchgezogene Kanten verbunden sind. Die rechteckigen Knoten symbolisieren Umweltzustände. Die durchgezogenen Kanten, die von den rechteckigen Knoten ausgehen, stellen die Alternativen dar, die bei Eintritt des Umweltzustands gewählt werden können. Die rechteckigen Knoten werden deshalb als **Entscheidungsknoten**, die durchgezogenen Kanten als **Entscheidungskanten** bezeichnet. Die Alternativen einer Teilentscheidung werden durch die Teilentscheidung für die Vorperiode und die Umweltentwicklung bestimmt. Dieser Zusammenhang wird durch einen Entscheidungsknoten dargestellt, dem ein kreisförmiger Knoten folgt. Diese nachfolgenden Knoten werden **Zufallsknoten** genannt, da die von ihnen ausgehenden gepunkteten Kanten (**Zufallskanten**) verschiedene Umweltentwicklungen symbolisieren. Jeder Kantenzug durch den Entscheidungsbaum symbolisiert eine Sequenz von Teilentscheidungen für den gesamten Planungszeitraum. Die Elemente eines Entscheidungsbaums werden in Abb. 19 erläutert. Abb. 20 zeigt die Struktur eines Entscheidungsbaums.

84 2 Merkmale von Planungssystemen

Elemente eines Entscheidungsbaums	Erläuterungen
☐ Entscheidungsknoten	Umweltzustand
— Entscheidungskante	Alternative, die bei Eintritt eines Umweltzustands gewählt werden kann
○ Zufallsknoten	gewählte Alternative
- - - - Zufallskante	Umweltentwicklung, die mit einer bestimmten Wahrscheinlichkeit eintreten kann

Abb. 19: Elemente eines Entscheidungsbaums

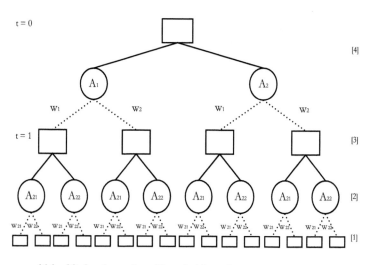

Abb. 20: Struktur eines Entscheidungsbaums

Ist der Entscheidungsbaum konstruiert, kann mit dem **Roll-back-Verfahren** die Entscheidungssequenz ermittelt werden, die den Erwartungsnutzen maximiert. Dabei wird unter der Annahme eines risikoneutralen Entscheidungsträgers (vgl. Kopel [Planung] 580), der ein Deckungsbeitragsziel verfolgt, wie folgt vorgegangen (vgl. Eisenführ/Weber/Langer [Entscheiden] 286 ff.):

[1] Jeder Kantenzug durch den Entscheidungsbaum symbolisiert eine Folge von Teilentscheidungen und möglicher Umweltzustände während des Planungszeitraums und endet mit einem Entscheidungsknoten. Für jeden dieser Entscheidungsknoten ist der Deckungsbeitrag zu ermitteln, der bei Realisation der zugehörigen Folge von Teilentscheidungen erzielt wird.

[2] Für jede Entscheidungskante, die diesen Entscheidungsknoten vorausgeht, wird aus den ermittelten Deckungsbeiträgen und den Eintrittswahrscheinlichkeiten, die den verbindenden Zufallskanten zugeordnet sind, der Erwartungswert des Deckungsbeitrags (DB-Erwartungswert) der Alternative berechnet, die durch die Entscheidungskante symbolisiert ist.

[3] In einem weiteren Schritt wird für jeden Entscheidungsknoten der DB-Erwartungswert berechnet. Hierzu wird aus den von dem jeweils betrachteten Entscheidungsknoten ausgehenden Entscheidungskanten die mit dem höchsten DB-Erwartungswert gewählt. Ihr DB-Erwartungswert ist der DB-Erwartungswert des Entscheidungsknotens. Entscheidungskanten mit einem geringeren DB-Erwartungswert werden gestrichen.

[4] Aus den DB-Erwartungswerten der Entscheidungsknoten wird wieder der DB-Erwartungswert der unmittelbar vorgelagerten Entscheidungskanten und

Entscheidungsknoten berechnet. Handelt es sich bei den vorhergehenden Entscheidungsknoten um den jeweils ersten Entscheidungsknoten, ist die optimale Sequenz aus definitiver Entscheidung der ersten Teilperiode und bedingten Entscheidungen für die Folgeperioden bestimmt, und das Verfahren endet.

Folgendes Beispiel zeigt den Ablauf der sequentiellen Eventualplanung (vgl. zu diesem Beispiel Adam [Planung] 300).

Problemstellung: In einer Unternehmung ist das Produktionsprogramm für den nächsten Planungszeitraum zu planen, wobei der Deckungsbeitrag zu maximieren ist. Es wird ein Produkt hergestellt, für das variable Stückkosten in Höhe von 7,00 € anfallen. Während des Planungszeitraums können 400 Stück dieses Produkts hergestellt werden. Im Planungszeitpunkt unmittelbar vor Beginn des Planungszeitraums liegen die folgenden Aufträge vor:

- Kunde A möchte bis zum Ende der Periode 400 Stück zu einem Preis von 11,50 € beziehen. Über diesen Auftrag müsste sofort entschieden werden.
- Kunde B möchte bis zum Ende der Periode 200 Stück zu einem Preis von 11,40 € abnehmen. Über diesen Auftrag müsste ebenfalls sofort entschieden werden.
- Kunde C möchte bis zum Ende der Periode 200 Stück zu einem Preis von 11,30 € abnehmen.
- Kunde D möchte bis zum Ende der Periode 200 Stück abnehmen. Zurzeit wird über diesen Auftrag verhandelt. Es wird ein Preis von 16 €, 12 € oder 10 € erwartet. Welcher Preis erreicht wird, ist noch unsicher und wird auch zu Beginn des Planungszeit-

raums noch nicht genau festliegen. Zu diesem Zeitpunkt ist jedoch bekannt, ob die Vorverhandlungen günstig oder ungünstig verlaufen sind. Die nachfolgende Tabelle gibt die Wahrscheinlichkeiten für das Erreichen der verschiedenen Preise bei günstigem und ungünstigem Verlauf der Vorverhandlungen an.

Preis Umweltzustand	pc = 16 €	pc = 12 €	pc = 10 €
günstiger Verlauf der Vorverhandlungen	0,8	0,15	0,05
ungünstiger Verlauf der Vorverhandlungen	0,05	0,15	0,8

Die Wahrscheinlichkeit für einen günstigen (ungünstigen) Verlauf der Verhandlungen liegt bei 0,5 (0,5). Mit der Entscheidung über Auftrag C kann gewartet werden, bis die Vorverhandlungen mit Kunde D abgeschlossen sind.

Problemlösung: In einem ersten Schritt sind die denkbaren Umweltzustände zu erfassen, für die bedingte Entscheidungen zu treffen sind. Es können sechs Umweltzustände unterschieden werden, die sich jeweils durch zwei Merkmale kennzeichnen lassen:

- den Verhandlungsverlauf und
- den erzielten Preis.

Diese Umweltzustände können zusammen mit den zugehörigen Wahrscheinlichkeiten in einem Zustandsbaum übersichtlich dargestellt werden (vgl. Abb. 21).

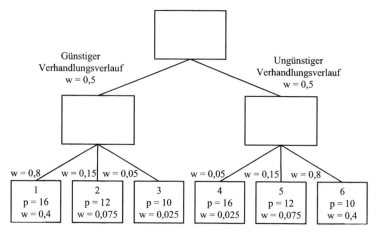

Abb. 21: Zustandsbaum

Die Wahrscheinlichkeit, mit der z. B. Umweltzustand 1 (p = 16 € bei einem günstigen Verhandlungsverlauf) eintritt, ergibt sich aus der Multiplikation der Wahrscheinlichkeit eines günstigen Verhandlungsverlaufs (w = 0,5) und der Wahrscheinlichkeit, dass bei einem günstigen Verhandlungsverlauf ein Preis in Höhe von 16 € erreicht wird (w = 0,8), d. h. w = 0,5 · 0,8 = 0,4.

Vor der ersten Teilperiode (erster Planungszyklus) liegen vollkommene Informationen über die Aufträge A, B und C vor. Über Auftrag D liegen noch keinerlei Informationen vor. Da über diesen Auftrag nicht sofort zu entscheiden ist, kann die Entscheidung über Auftrag D aufgeschoben werden, bis die Vorverhandlungen zu Beginn des Planungszeitraums abgeschlossen sind. Es

2.2 Inhaltliche Merkmale von Planungssystemen 89

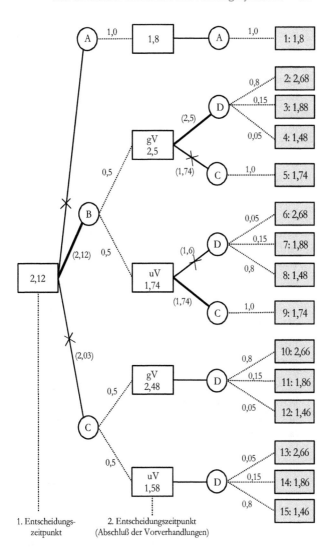

Abb. 22: Entscheidungsbaum (Beträge in T€)

ergeben sich damit **zwei Entscheidungszeitpunkte**: der Entscheidungszeitpunkt vor dem Planungszeitraum und der nach Abschluss der Vorverhandlungen, in dem über den Auftrag D entschieden werden muss. Den Entscheidungsbaum für dieses Planungsproblem zeigt Abb. 22.

Wird im ersten Entscheidungszeitpunkt Auftrag A angenommen, sind die Produktionskapazitäten ausgelastet, so dass keine weiteren Entscheidungen über die Annahme von Aufträgen zu treffen sind. Mit dieser Alternative 1 ist ein Deckungsbeitrag in Höhe von

DB = (11,50 €/St. – 7,00 €/St.) · 400 St. = 1.800 €

verbunden. Wird im ersten Entscheidungszeitpunkt Auftrag B angenommen, verbleibt eine Restkapazität von 200 Stück, die für Auftrag C oder D genutzt werden kann. Wird zusätzlich zu Auftrag B auch Auftrag C angenommen und werden die Verhandlungen über Auftrag D abgebrochen, ergibt sich ein Deckungsbeitrag in Höhe von

DB = (11,40 €/St. – 7,00 €/St.) · 200 St. + (11,30 €/St. – 7,00 €/St.) · 200 St. = 1.740 €.

Diese Alternative 5 ist der Alternative 1 unterlegen. Wird Auftrag B angenommen, kann die Entscheidung über die Verwendung der Restkapazität auch verschoben werden, bis das Ergebnis der Vorverhandlung vorliegt. In diesem zweiten Entscheidungszeitpunkt kann in Abhängigkeit des Verhandlungsverlaufs Auftrag C oder Auftrag D angenommen werden. Schließlich kann im ersten Entscheidungszeitpunkt auch Auftrag C und nach Abschluss der Vorverhandlungen Auftrag D angenommen werden. Die Deckungsbeiträge, zu denen diese Alternativen führen, sind in den Entscheidungsknoten am rechten Rand des Entscheidungsbaums angegeben.

Auf der Grundlage des Entscheidungsbaums und den berechneten Gesamtdeckungsbeiträgen kann nun das **Roll-back-Verfahren** angewendet werden: Die Annahme von Auftrag D im zweiten Entscheidungszeitpunkt führt bei Annahme von Auftrag B im ersten Entscheidungszeitpunkt und günstigem Verhandlungsverlauf zu einem DB-Erwartungswert von

EDB = (2.680 €· 0,8) + (1.880 € · 0,15) + (1.480 € · 0,05) = 2.500 €.

Der DB-Erwartungswert des Auftrags C beträgt in dieser Situation 1.740 €. Die optimale Alternative ist damit der Auftrag des Kunden D, der Auftrag des Kunden C wird gestrichen. Der DB-Erwartungswert des Entscheidungsknotens beträgt damit 2.500 €. In gleicher Weise werden die DB-Erwartungswerte für den Entscheidungsknoten berechnet, der sich aus der Entscheidung für Auftrag B zu Beginn der Planungsperiode und einen ungünstigen Verlauf der Vorverhandlungen ergibt. In dieser Situation erbringt Auftrag D nur einen DB-Erwartungswert von 1.600 € und wird nicht weiter betrachtet. Der DB-Erwartungswert des Entscheidungsknotens wird damit durch Auftrag C determiniert. Auf dieser Basis kann der DB-Erwartungswert bei Annahme von Auftrag B im ersten Entscheidungszeitpunkt ermittelt werden. Er beträgt:

EDB = (0,5 · 2.500 €) + (0,5 · 1.740 €) = 2.120 €.

Analog werden die DB-Erwartungswerte der weiteren Entscheidungsknoten berechnet. Der DB-Erwartungswert bei Annahme von Auftrag A, B oder C im ersten Entscheidungszeitpunkt betragen:

- A: 1.800 €,

- B: 2.120 € und
- C: 2.030 €.

Die optimale Alternative im ersten Entscheidungspunkt ist damit der Auftrag des Kunden B. Auf der Grundlage dieses Ergebnisses ergibt sich die folgende **optimale Entscheidungssequenz**:

- **Definitive Entscheidung:** Im ersten Entscheidungszeitpunkt, der vor Beginn des Planungszeitraums liegt, wird Auftrag B angenommen.

- **Bedingte Entscheidung:** Im zweiten Entscheidungszeitpunkt wird bei günstigem Verlauf der Vorverhandlungen Alternative D gewählt, bei ungünstigem Verhandlungsverlauf dagegen Alternative C.

Für die sequentielle Eventualplanung sind **Informationen** über alle denkbaren Umweltzustände, ihre Eintrittswahrscheinlichkeiten sowie den zugehörigen Handlungsspielraum erforderlich. Mit steigender Zahl der Umweltzustände und der Handlungsalternativen erreicht die Anzahl der bedingten Entscheidungen sehr schnell eine nicht mehr beherrschbare **Größenordnung**. Dieses Planungsverfahren ist damit nur für kleinere Planungsprobleme geeignet (vgl. Adam [Planung] 299).

[2] Robuste Planung

Bei der robusten Planung wird im ersten Entscheidungszeitpunkt nur eine definitive Entscheidung für die erste Teilperiode getroffen. Die Entscheidungen für die nachfolgenden Teilperioden, werden hinausgeschoben, bis weitere Informationen über die Umweltentwicklung vorliegen. Für die nachfolgenden Perioden des Planungszeitraums werden anders als bei der sequentiellen Eventualplanung **keine bedingten Entscheidungen** getroffen. Für die definitive Entscheidung der ersten Teilperiode wird die robuste Alternative gewählt.

> Die **robuste Alternative** der ersten Teilentscheidung zeichnet sich dadurch aus, dass sie für alle denkbaren Umweltentwicklungen zu günstigen Ergebnissen führt.

Für die robuste Planung sind damit keine Angaben zu den Wahrscheinlichkeiten für den Eintritt von Umweltzuständen erforderlich.

Zur Identifikation der robusten Alternative wird eine **Alternativen/Szenario-Matrix** erzeugt. In die Kopfspalte werden die alternativen Sequenzen von Teilentscheidungen eingetragen. Die Kopfzeile enthält die für denkbar gehaltenen Umweltzustände (Szenarien). In die Felder der Matrix werden für jede Sequenz von Teilentscheidungen die Zielbeiträge des gesamten Planungszeitraums bei Eintritt des jeweiligen Szenarios eingetragen. Anschließend wird für jedes Szenario die Sequenz von Teilentscheidungen mit dem günstigsten Zielbeitrag im Planungszeitraum ermittelt (optimale Sequenz). Eine Alternative der ersten Teilentscheidung ist robust, wenn sie in vielen optimalen Sequenzen enthalten ist (vgl. Hanssmann [Planung] 1759; Ossadnik [Unternehmenspläne] 380). Die Generierung der Alternativen/Szenario-Matrix kann mit Hilfe eines Entscheidungsbaums unterstützt werden, wie er auch bei der sequentiellen Eventualplanung verwendet wird. Der Vorteil der robusten Planung gegenüber der sequentiellen Eventualplanung liegt in den geringeren Anforderungen an die bereitzustellenden Informationen. Im folgenden

Beispiel wird dieses Planungsverfahren anhand des Planungsproblems aus dem Beispiel zur sequentiellen Planung verdeutlicht.

Die **Alternativen/Szenario-Matrix** kann aus den Angaben des Entscheidungsbaums in Abb. 22 entwickelt werden (zur Nummerierung vgl. Abb. 21).

Szenarien Sequenzen	1 gV/ 16 €	2 gV/ 12 €	3 gV/ 10 €	4 uV/ 16 €	5 uV/ 12 €	6 uV/ 10 €
A/–	1,8	1,8	1,8	1,8	1,8	1,8
B/D	2,68	1,88	1,48	2,68	1,88	1,48
B/C	1,74	1,74	1,74	1,74	1,74	1,74
C/D	2,66	1,86	1,46	2,66	1,86	1,46
optimale Sequenz	B/D	B/D	A/–	B/D	B/D	A/–

Auftrag B ist die Alternative für die Entscheidung der ersten Teilperiode, die in vier der sechs optimalen Sequenzen enthalten ist, und stellt damit die **robuste Alternative** dar.

Ein anderes **Beispiel** zur robusten Planung findet sich bei Ossadnik ([Unternehmenspläne] 380).

> Eine Unternehmung der Autoindustrie plant die stufenweise Einführung eines Händler-Netzes. Das Verkaufsgebiet ist in 30 Bereiche gegliedert. Es soll über die Einrichtung von 20 Niederlassungen entschieden werden. Von der Entwicklung der Nachfrage im Zeitablauf hängt es ab, wie viele Niederlassungen tatsäch-

lich eingerichtet werden. In einem ersten Schritt werden sämtliche Alternativen für den Gesamtplan generiert. Diese Alternativen werden nach ihren Zielwirkungen (z. B. Absatzvolumen) in eine Rangordnung gebracht. Für die Entscheidung der ersten Teilperiode sind die Bereiche auszuwählen, die in vielen Alternativen mit guten Lösungen enthalten sind. Der Aufbau des Händler-Netzes beginnt mit der Einrichtung von Niederlassungen in diesen Bereichen.

2.3 Organisatorische Merkmale von Planungssystemen

2.3.1 Abgrenzung von Aufbau- und Ablauforganisation

Die **Notwendigkeit der Organisation** ergibt sich für die Planung, wenn sie zum einen regelmäßig (Planung als Daueraufgabe) und zum anderen aufgrund ihrer Komplexität arbeitsteilig durchgeführt wird (in Anlehnung an Szyperski [Organisation] 3017; Müller-Böling [Organisationsformen] 1310). Die Arbeitsteilung kann darin bestehen, dass die Planungsaufgaben (Zielbildung, Problemfeststellung usw.) verschiedenen Stellen zugeordnet werden oder die durch die Differenzierung entstandenen Teilpläne von verschiedenen Planungsträgern erstellt werden (ähnlich bei Fürtjes [Planungsorgane] 1464).

Zur Abstimmung der arbeitsteilig ausgeführten Planungsaufgaben werden **Regelungen** formuliert und vorgegeben, die das Vorgehen und das Zusammenwirken der Planungsträger an den Effektivitäts- und Effizienzzielen der

Planung ausrichten. Mit diesen Regelungen werden die Verteilung der Planungsaufgaben auf Bereiche, Abteilungen und Stellen sowie die Mechanismen, nach denen die Planungsaktivitäten abgestimmt werden sollen, auf Dauer festgelegt. Bei einem hohen Organisationsgrad der Planung sind diese Regelungen sehr detailliert und enthalten sehr genaue Vorgaben für die Verteilung und den Vollzug der Planungsaufgaben. Werden nur sehr globale Regelungen formuliert, ist der Organisationsgrad der Planung gering.

In Wissenschaft und Wirtschaftspraxis wird zwischen ursprünglichen und abgeleiteten **Planungsaufgaben** unterschieden.

- Die **ursprünglichen Planungsaufgaben** haben die materielle oder inhaltliche Ausgestaltung der Pläne im Sinne der Willensbildung zum Gegenstand. Die Aktivitäten zur Ausführung der ursprünglichen Planungsaufgaben bilden den Planungsprozess.
- Dagegen geht es bei den **abgeleiteten Planungsaufgaben** um die Planung, Steuerung und Unterstützung des Planungsprozesses.

Die abgeleiteten Planungsaufgaben werden auch unter der Bezeichnung „Planungsmanagement" zusammengefasst (vgl. hierzu z. B. Szyperski/Müller-Böling [Planungsorganisation] 365 f., Rau [Unternehmungsplanung] 63 ff.). Das **Planungsmanagement** ist Aufgabe des Controlling (vgl. Horváth/Gleich/Seiter [Controlling] 94). Einen Überblick über die Planungsaufgaben gibt Abb. 23).

ursprüngliche Planungsaufgaben	Aufgaben des Planungsmanagements (abgeleitete Planungsaufgaben)

– Festlegung der Ziele
– Identifikation der Planungsprobleme
– Informationen auswerten
– Erarbeitung der Planprämissen
– Erarbeitung von Planalternativen
– Bewertung der Planalternativen
– Plankorrekturen vornehmen
– Entscheidung über die Pläne
	– Veranlassung der Planerstellung
	– Motivierung und Anregung zum Planen
	– Terminierung der Planungsarbeiten
	– Abgrenzung des Planinhalts
	– Erarbeitung von Vorgehensweisen der Planung
	– Bereitstellung von Informationen
	– Bereitstellung von Planungsmethoden und Modellen
	– Planungskontrolle
	   ▪ Planinhaltskontrolle
	   ▪ Kontrolle der Planungsprozesse
	– Sammlung und Kommentierung von Planentwürfen
	– Aufbereitung der Planentwürfe
	– Abstimmung der Planentwürfe
	– Dokumentation der Pläne

Abb. 23: Aufgaben der Planung

Die **Effektivitätsziele der Planung** haben die Funktionen zum Inhalt, die mit der Planung erreicht werden sollen (z. B. Chancennutzung, Risikoreduktion, Entscheidungskoordination). Die **Effizienzziele der Planung** betreffen die Ressourcen, die für den Planungsprozess zur Erreichung der Effektivitätsziele eingesetzt werden dürfen. Um den Beitrag der Regelungen zur Aufgabenverteilung und zum Aufgabenvollzug zur Erreichung der Effektivitätsziele beurteilen zu können, werden sie durch Effektivitätskriterien präzisiert. Als Effektivitätskriterien der Planungsorganisation können genannt werden (ähnlich bei Szyperski [Organisation] 3018):

- die Koordination der Teilpläne,
- die Sicherung und Förderung der Innovationsfähigkeit im Planungsprozess und
- die Nutzung der Informationsvorteile unterer Ebenen der Managementhierarchie.

Die Planung soll zur Koordination der Entscheidungen über Handlungen zur Zielerreichung beitragen, indem diese im Planungsprozess abgestimmt und in einem Gesamtplan zusammengefasst werden. Bei Differenzierung kann die Planung diesen Beitrag nur dann leisten, wenn die Teilpläne im Planungsprozess **koordiniert** werden. Identifizierte Chancen können nicht genutzt werden, wenn im Planungsprozess nur Pläne des vorangegangenen Planungszyklus fortgeschrieben werden. Um dieser Planungsfunktion zu entsprechen, müssen auch innovative Lösungen erarbeitet werden können. Die Voraussetzung hierfür wird durch die Sicherung und Förderung der **Innovationsfähigkeit** im Planungsprozess geschaffen. Ihre Funktionen kann die Planung nur dann erfüllen, wenn es gelingt, die Pläne in konkretes Handeln zu überführen. Um das Realisationsrisiko der Pläne zu begrenzen, sollten die Informationsvorteile unterer Ebenen der Managementhierarchie in die Planung einbezogen werden. Die **Informationsvorteile** entstehen durch die Nähe der Bereichs- und Gruppenleitungen zum Prozess der Leistungserstellung und -verwertung in den Verantwortungsbereichen, in dem Informationen entstehen und Fachkenntnisse entwickelt werden, die für die Planung erforderlich sind.

> Bei der **Organisation der Planung** handelt es sich die Gesamtheit der generellen Regelungen, die den Vollzug des Planungsprozesses an den Effektivitäts- und Effizienzzielen der Planung ausrichten sollen.

Die generellen Regelungen betreffen zwei Arten von **Gestaltungsparametern der Planungsorganisation**, die nicht unabhängig voneinander festgelegt werden können (vgl. hierzu z. B. Bleicher [Organisation] 293, 314):

- die Gestaltungsparameter der Aufbauorganisation und
- die Gestaltungsparameter der Ablauforganisation.

> Gegenstand der Regelungen zur **Aufbauorganisation** der Planung ist die Zerlegung komplexer Planungsaufgaben in Teilaufgaben, ihre Zuordnung zu organisatorischen Einheiten, die Verteilung der Kompetenzen auf die Träger der Planungsaufgaben sowie die Einordnung der Planung in die Unternehmungsorganisation (vgl. Hill [Planungsmanagement] 1458).

Die Gestaltungsparameter der Aufbauorganisation, die bei der Gestaltung eines Planungssystems festgelegt werden, zeigt Abb. 24 (vgl. Fürtjes [Planungsorgane] 1446; Pfohl/Stölzle [Planung] 199 f.).

Gestaltungs-parameter	Erläuterungen
Zentralisationsgrad	Umfang, in dem Planungsaufgaben an Planungsorgane auf der mittleren oder der unteren Ebene der Managementhierarchie übertragen werden
Planungsorgane	Stellen, denen Planungsaufgaben übertragen werden; zu ihnen zählen: – Unternehmungsleitung, – Bereichsleitungen, – Planungsstäbe, – Planungsabteilungen, – Planungskomitees, – Planungsteams, – Planungsbeauftragte sowie – externe Planungsorgane.
Delegationsgrad	Umfang, in dem Entscheidungsbefugnisse auf Planungsorgane der mittleren und unteren Ebene der Managementhierarchie übertragen werden
Partizipationsgrad	Umfang, in dem Mitarbeiter untergeordneter Ebenen der Managementhierarchie an der Planung mitwirken

Abb. 24: Gestaltungsparameter der Aufbauorganisation der Planung

Die Kombination einzelner Planungsaktivitäten zu Planungsprozessen sowie ihre zeitliche und räumliche Abstimmung wird durch die **Ablauforganisation** geregelt.

Der Gegenstand der Regelungen zur Ablauforganisation wird unterschiedlich weit abgegrenzt. So werden einerseits nur die Festlegung der Zeitpunkte zur Auslösung der Planungsprozesse und die konkrete Terminierung der Planungsaktivitäten mit dem Ziel einer schnellen Abwicklung aller Planungsaktivitäten zu den Gestaltungsparametern der Ablauforganisation gezählt (vgl. Bleicher [Organisation] 314, Hahn/Hungenberg [Organisation] 125). Andererseits werden neben

- der Terminierung eines Planungsprozesses auch
- die Aufeinanderfolge der Teilplanungen,
- die Reihenfolge der Planungsaktivitäten sowie
- die Anpassungsrhythmik der Pläne

als Gestaltungsparameter der Ablauforganisation betrachtet (vgl. Pfohl [Planung] 230 ff., Hill [Planungsmanagement] 1458).

2.3.2 Zentralisationsgrad der Planung

Zentrale Planung

Planung ist eine Managementfunktion und obliegt damit zunächst der Unternehmungsleitung (vgl. z. B. Welge [Planung] 466).

> Werden alle Planungsaufgaben auf der oberen Ebene der Managementhierarchie wahrgenommen, liegt eine **zentrale Planung** vor.

Organe einer zentralen Planung sind neben der Unternehmungsleitung auch

- Planungsstäbe und
- Planungsabteilungen.

Planungsstäbe sind Stellen, die speziell zur Wahrnehmung von Planungsaufgaben für eine Instanz eingerichtet werden und dieser zugeordnet sind. Sie führen Aufgaben zur Entscheidungsvorbereitung aus und verfügen nicht über Entscheidungsbefugnisse. Sie verfügen allenfalls gegenüber nachgeordneten Stabsstellen über fachliche Weistungsbefugnisse (vgl. Pfohl [Planung] 210; Fürtjes [Planungsorgane] 1466). Ihre Aufgaben können sein: Selbstständige Erarbeitung eines Plans oder mehrerer alternativer Pläne, die der Unternehmungsleitung zur Entscheidung vorgelegt werden, oder Ableitung von Plänen aus Vorgaben der Unternehmungsleitung (vgl. Pfohl [Planung] 210 f.). Eine **Planungsabteilung** hat vor allem Aufgaben der Informationsbeschaffung und -aufbereitung für den Planungsprozess. Diese erbringt sie nicht nur für eine Instanz, sondern für mehrere Unternehmungsbereiche und Hierarchieebenen. Planungsabteilungen sind in die Linienorganisation eingebunden und treten u. a. unter den Bezeichnungen „Betriebswirtschaft" oder „Rechnungswesen" auf (vgl. Szyperski/Müller-Böling [Planungsorganisation] 364 f.; Fürtjes [Planungsorgane] 1466; Welge [Planung] 472 f.).

Die zentrale Planung erleichtert die **Koordination der Teilpläne**. Bei der zentralen Planung ist die Unternehmungsleitung für die Erstellung der Pläne verantwortlich, für die Durchsetzung und Realisation dagegen die jeweilige Bereichsleitung. Durch diese Trennung von Durchsetzung und Realisation wird die Planung eher am Erwünschten als am Machbaren ausgerichtet, so dass von einer eher **höheren Innovationsfähigkeit** im Planungsprozess ausgegangen werden kann. Da bei dieser Gestaltungsform der Planung die **Informationsvorteile der unteren Managementebenen** nicht genutzt werden, weist sie Nachteile hinsichtlich der Realisierbarkeit der

Pläne und der Anpassungsfähigkeit im Planungsprozess auf.

Partizipation

Den Schwächen zentraler Planung kann durch Partizipation entgegengewirkt werden.

> Unter **Partizipation** wird die Teilnahme oder Beteiligung betroffener Bereichsleitungen an der Planung der Unternehmungsleitung verstanden (in Anlehnung an Brose/Corsten [Partizipation] 26).

Betroffen ist eine Bereichsleitung, wenn sie die Pläne der Unternehmungsleitung in Handlungen oder Teilpläne umsetzen muss oder wenn die Pläne die Situation im Verantwortungsbereich beeinflussen. Bei der **Teilnahme** an Planungen der Unternehmungsleitung verfügen die Bereichsleitungen über Mitwirkungsrechte, d. h. Anhörungs-, Vorschlags- oder Beratungsrechte. Bei der **Beteiligung** haben die Bereichsleitungen darüber hinaus Mitentscheidungsrechte (vgl. Wagner [Partizipation] 1115 f.). Die Partizipation ist von der Mitbestimmung und der Delegation abzugrenzen. **Mitbestimmung** ist die gesetzlich geregelte Teilnahme oder Beteiligung an Entscheidungen des Managements. Bei der **Delegation** wird Mitarbeitern die Kompetenz übertragen, die Entscheidungen in einem abgegrenzten Verantwortungsbereich selbstständig zu treffen (vgl. Schanz [Partizipation] 1901 f.).

Nach dem Partizipationsgrad, d. h. dem Ausmaß des Einflusses der Bereichsleitungen auf die Planung der Unternehmungsleitung, können folgende **Formen der Partizipation** unterschieden werden (vgl. Hill/Fehlbaum/Ulrich [Organisationslehre] 243 ff., 259):

[1] Entscheidungsdiskussion
Die Unternehmungsleitung erstellt einen vorläufigen Plan und legt ihn den Bereichsleitungen vor. Die Bereichsleitungen werden durch die Unternehmungsleitung motiviert, Bedenken und Einwände vorzubringen sowie neue Alternativen vorzuschlagen. Nach Auswertung der Gruppendiskussion trifft die Unternehmungsleitung die Entscheidung über den Plan.

[2] Meinungsbildung in der Gruppe
Den Bereichsleitungen wird von der Unternehmungsleitung die Problemstellung präsentiert. Sie haben anschließend ihre Ziele zu artikulieren und Lösungsalternativen zu erarbeiten. Die Bereichsleitungen werden von Beginn an in den Planungsprozess einbezogen. Die Entscheidung über den Plan wird durch die Unternehmungsleitung getroffen.

[3] Willensbildung durch die Gruppe
Die Unternehmungsleitung gibt die Rahmenbedingungen für die Planung vor. Eine mit den betroffenen Bereichsleitungen besetzte Gruppe erarbeitet unter Berücksichtigung dieser Rahmenbedingungen eine Problemlösung und entscheidet im Rahmen eines demokratischen Willensbildungsprozesses über den Plan. Die Unternehmungsleitung verfügt über ein Vetorecht für den Fall, dass der Plan die vorgegebenen Rahmenbedingungen verletzt.

Ziele, die mit der Partizipation verfolgt werden, sind (vgl. Vroom [Führungsentscheidungen] 185 f.):

- die Verbesserung der Qualität des Plans sowie

- die Steigerung der Akzeptanz des Plans.

Zur Verbesserung der **Planqualität** trägt die Partizipation u. a. aus folgenden Gründen bei (vgl. Vroom/Jago [Führungsentscheidungen] 112): (1) Durch die Einbeziehung der Bereichsleitungen verbreitert sich das Wissensspektrum und der Informationsstand im Planungsprozess. (2) Durch das Zusammenwirken von Unternehmungsleitung und Bereichsleitungen werden mehrere Lösungsperspektiven in den Planungsprozess eingebracht. Das erlaubt eine gründlichere Untersuchung des Problems und vermeidet Lösungen, die durch die „Tunnelperspektive" des Spezialisten geprägt sind. (3) Partizipation schafft die Voraussetzungen, um über Assoziation zu besseren Lösungen zu gelangen.

Die Partizipation ist grundsätzlich geeignet, Widerstände der Bereichsleitungen gegen Pläne der Unternehmungsleitung zu vermindern oder sogar zu verhindern (vgl. Wiendieck [Akzeptanz] 26). Darüber hinaus trägt die Partizipation zur Steigerung der **Akzeptanz der Pläne** bei, indem sie die frühzeitige Offenlegung und Lösung von Zielkonflikten zwischen Unternehmungsleitung und Bereichsleitungen ermöglicht. Der positive Einfluss der Partizipation auf die Akzeptanz von Plänen durch die Bereichsleitungen ist durch viele Studien belegt worden (vgl. Gebert [Interventionen] 484).

Für die **Partizipation geeignet** sind Planungsprozesse, die folgende Merkmale besitzen (vgl. Vroom/Jago [Führungsentscheidungen] 53 ff):

- Die Qualität des Plans ist von hoher Bedeutung.
- Die Informationen sind asymmetrisch verteilt und die Unternehmungsleitung selbst verfügt nicht über die Informationen, um das Problem ohne Hinzuziehen der Bereichsleitungen selbstständig lösen zu können.

- Der Ist-Zustand, die Ziele oder die Handlungsalternativen sind nicht bekannt. Die Erarbeitung eines Plans setzt deshalb eine Lageanalyse, einen kreativen Prozess zur Generierung von Alternativen oder eine Analyse zur Festlegung von Zielen voraus.
- Die Akzeptanz des Plans ist von Bedeutung, da er von den Bereichsleitungen in konkretes Handeln oder Teilpläne umgesetzt wird oder die Situation in den Verantwortungsbereichen verändert (vgl. Vroom/Jago [Führungsentscheidungen] 130 f.).
- Die Wahrscheinlichkeit ist gering, dass ein von der Unternehmungsleitung erstellter Plan durch die Bereichsleitungen akzeptiert wird, da sie z. B. nicht als gut informierter Experte gesehen wird.

Dezentrale Planung

> Die **dezentrale Planung** zeichnet sich dadurch aus, dass den Bereichsleitungen Planungsaufgaben und -kompetenzen übertragen werden.

Der **Aufgabenbereich der Bereichsleitungen** kann

- einzelne Planungsaufgaben, wie z. B. die Alternativensuche,
- die Ableitung der Bereichspläne aus Vorgaben (Ziele, Prämissen) der Unternehmungsleitung oder
- die Detaillierung eines Globalplans

umfassen. Der Zentralisationsgrad ist vom **Delegationsgrad** zu unterscheiden, bei dem es um die Übertragung von Entscheidungsbefugnissen an die Träger von Planungsaufgaben geht. Den Bereichsleitungen können nur

Planaufstellungskompetenzen oder auch Entscheidungskompetenzen zugeordnet werden. Bei der Unternehmungsleitung können zum Zwecke der Abstimmung dezentral erstellter Teilpläne Weisungsbefugnisse oder aber auch Genehmigungsbefugnisse verbleiben (in Anlehnung an Töpfer [Planungsträger] 1564 f.).

Zu den Bereichsleitungen können folgende **Planungsorgane** treten (in Anlehnung an Töpfer [Kontrollsysteme] 155 ff.):

- dezentrale Planungsstäbe,
- Planungskollegien (auch Planungsausschuss, -kommission, -komitee oder -konferenz) oder
- Planungsteams.

Dezentrale Planungsstäbe entsprechen hinsichtlich Aufgaben und Kompetenzen den zentralen Planungsstäben auf der Ebene der Unternehmungsleitung. **Planungskollegien** sind mit Mitarbeitern der verschiedenen Unternehmungsbereiche und unterschiedlicher Ebenen der Managementhierarchie besetzt und werden für die bereichs- oder ebenenübergreifende Koordination von Teilplänen eingesetzt. Sie werden auf Dauer eingerichtet und treten periodisch oder ad hoc für eine begrenzte Zeitspanne zusammen, um eine Aufgabe zu erfüllen (vgl. Töpfer [Kontrollsysteme] 155 f.; Pfohl [Planung] 211). Nach den zugeordneten Kompetenzen werden Entscheidungskollegien einerseits und Informations- und Beratungskollegien andererseits unterschieden. **Planungsteams** sind hierarchiefrei zusammengesetzte Gruppen, die für einen begrenzten Zeitraum zur Erfüllung einer abgegrenzten Aufgabe gebildet und anschließend sofort wieder aufgelöst werden. Ihre Ausstattung mit Kompetenzen hängt von der zu erfüllenden Aufgabe ab. Sie eignen sich vor allem für die Problemfeststellung und die Alternativensuche bei innovativen Planungsproblemen (vgl. Töpfer [Kontrollsysteme] 157 f.; Welge [Planung] 471).

Bei der dezentralen Planung können die **Informationsvorteile** der Bereichsleitungen genutzt werden. Die fehlende Trennung von Planung, Durchsetzung und Realisation kann sich ungünstig auf die **Innovationsfähigkeit** im Planungsprozess auswirken. Um der **Koordinationsfunktion** der Planung zu entsprechen, sind die dezentral erstellten Teilpläne abzustimmen. Dezentral erstellte Teilpläne können durch

- Hierarchiebildung oder
- Gruppenbildung

koordiniert werden (vgl. hierzu Küpper u. a. [Controlling] 394 ff.). Bei der Koordination durch **Hierarchiebildung** ist die Unternehmungsleitung für die Koordination der dezentral erstellten Teilpläne zuständig. Zu diesem Zweck verbleiben bei der Unternehmungsleitung Genehmigungs- oder Weisungsbefugnisse, d. h. das Recht, den dezentralen Planungsträgern Vorgaben zu Zielen, Prämissen oder Plananpassungen zu machen. Ein Beispiel für die Koordination durch Hierarchiebildung unter Mitwirkung des Controlling zeigt Abb. 25 (vgl. Koch [Unternehmensplanung] 209). Bei der Koordination durch Gruppenbildung werden die dezentral erstellten Teilpläne durch **Planungskollegien** abgestimmt (vgl. z. B. parallele Planung; Abschnitt 2.2.3). Die Befugnis zur Entscheidung über die koordinierten Teilpläne kann den Planungskollegien zugeordnet werden oder bei den Bereichsleitungen verbleiben.

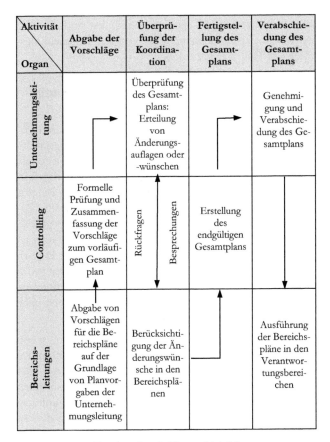

Abb. 25: Koordination durch Hierarchiebildung

2.3.3 Entwicklungsfolge der Teilplanungen

Bei sequentieller Planung **sachlich-horizontal differenzierter** Teilpläne sowie bei **zeitlich-vertikaler Differenzierung** der Planung ist darüber zu entscheiden, in welcher Reihenfolge die Teilpläne zu erstellen sind. Es wird in diesem Zusammenhang auch von der Entwicklungsfolge der Teilpläne gesprochen.

Entwicklungsfolge sachlich-horizontal differenzierter Teilpläne

Bei sequentieller Planung sachlich-horizontal differenzierter Teilpläne wird zur Steigerung des Abstimmungsgrades kurzfristiger Teilpläne vorgeschlagen, die Entwicklungsfolge nach dem **Prinzip der Engpassorientierung** festzulegen. Es sieht vor, dass die Planung mit dem Bereich der Unternehmung beginnt, der den Leistungserstellungs- und -verwertungsprozess in quantitativer Sicht begrenzt, d. h. der den Engpass bildet (vgl. Gaitanides [Konzepte] 2262). Die Planung wird anschließend mit dem Bereich fortgesetzt, der sachlich auf den Engpass folgt. Das Problem bei Anwendung des Prinzips der Engpassorientierung besteht darin, dass der wirksame Engpass u. U. erst nach Abschluss der Planung bekannt ist.

Das Prinzip der Engpassorientierung beruht auf dem von Gutenberg formulierten **Ausgleichsgesetz der Planung** (vgl. Mag [Unternehmungsplanung] 133). Es besagt, dass kurzfristig die Teilpläne auf den Engpass abzustimmen sind. Langfristig ist dieser Engpass jedoch zu eliminieren, d. h., das Niveau der Engpassbereiche ist an dem der anderen Bereiche auszurichten (vgl. Gutenberg [Betriebswirtschaftslehre] 163 ff.).

Entwicklungsfolge zeitlich-vertikal differenzierter Teilpläne

Mit der kurzfristigen Planung sind die Bedingungen zu schaffen, unter denen für die Probleme der langfristigen Planung optimale Lösungen realisiert werden können.

Das setzt voraus, dass bei der kurzfristigen Planung der langfristige Plan bekannt ist. Grundlage für die langfristige Planung sind u. a. auch die Bedingungen, die durch die kurzfristigen Pläne geschaffen werden. Die langfristige Planung setzt deshalb die kurzfristige Planung voraus (vgl. Wild [Unternehmungsplanung] 174 ff.). Die Festlegung der Entwicklungsfolge steht damit vor dem Problem, dass bei zeitlich-vertikaler Differenzierung eine kurzfristige Planung nicht ohne Kenntnis der langfristigen Pläne und eine langfristige Planung nicht ohne Kenntnis der kurzfristigen Pläne möglich ist.

Für die Entwicklungsfolge zeitlich-vertikal differenzierter Teilpläne werden drei Alternativen genannt (vgl. Wild [Unternehmungsplanung] 174 ff.):

- die induktive (zeitlich-progressive Planung) Entwicklung,
- die deduktive (zeitlich-retrograde Planung) Entwicklung sowie
- das Gegenstromverfahren.

Bei **induktiver Entwicklung** zeitlich-vertikal differenzierter Teilpläne wird mit der Planung des kurzfristigen Teilplans begonnen. Auf den kurzfristigen Teilplänen aufbauend wird der mittelfristige Teilplan erstellt. Dieser bildet wiederum die Grundlage für die langfristige Planung. Bei dieser Entwicklungsfolge werden kurzfristige Teilpläne ohne Kenntnis des langfristigen Planungsproblems entwickelt, das erst im Rahmen der langfristigen Planung festgestellt wird. Infolgedessen werden durch die kurzfristige Planung Bedingungen geschaffen, die den Handlungsspielraum für die mittel- und langfristige Planung u. U. ungünstig beeinflussen. Kurzfristige Pläne erstrecken sich bei diesem Vorgehen nicht auf Maßnahmen zur Vorbereitung der Lösung langfristiger Probleme. Das Gesamtproblem wird bei Verkettung der zeitlich-vertikal differenzierten Teilpläne nach dem Prinzip der Reihung oder Staffelung auf keiner Planungsstufe geschlossen betrachtet. Bei Schachtelung der Teilpläne wird das Gesamtproblem zwar in seiner Gesamtheit betrachtet, jedoch erst nachdem der kurz- und der langfristige Plan festliegen. Das kann in der mittel- und langfristigen Planung zu sachlichen Handlungszwängen führen (vgl. Wild [Unternehmungsplanung] 174 f.; Gaitanides [Konzepte] 2268).

> In einer Unternehmung mit saisonal schwankender Nachfrage wird das Produktionsprogramm eines Jahres zeitlich-vertikal differenziert nach dem Prinzip der Reihung geplant. Für den ersten Monat werden die Produktionsmengen jedes Produkts festgelegt. Für den 2. bis 5. Monat werden die Mengen für jede Produktgruppe geplant, für den Rest des Jahres wird nur noch über die Gesamtmenge entschieden. Bei induktiver Entwicklung der Teilpläne wird bei der kurzfristigen Planung nur die Lücke zwischen der Nachfrage und den Produktionskapazitäten des ersten Monats betrachtet, die mittelfristige Planung beschäftigt sich mit der Lücke zwischen der Nachfrage und den Produktionskapazitäten während des 2. und des 5. Monats usw. Das Problem eines Nachfrageüberhangs während der zweiten Jahreshälfte könnte damit nicht über einen kontinuierlichen Aufbau der Lagerbestände gelöst werden.

Werden zeitlich-vertikal differenzierte Teilpläne **deduktiv** entwickelt, werden die mittelfristigen Teilpläne auf der Basis der langfristigen und die kurzfristigen auf der Grundlage der mittelfristigen Teilpläne erstellt. Die kurzfristigen Teilpläne werden erst erstellt, wenn die Anforderungen aus der mittel- und langfristigen Planung bekannt sind. Der kurzfristigen Planung liegen damit nicht die aktuellen Probleme des Planungsabschnitts zugrunde, sondern das Problem der langfristigen Planung. Aktuelle Probleme werden damit nicht zu einem Gegenstand der Planung (vgl. Wild [Unternehmungsplanung] 175 f.; Gaitanides [Konzepte] 2267 f.).

Bei **Reihung** oder **Staffelung** der Planungsstufen wird auch bei der deduktiven Planung die Nachfragemenge der zweiten Jahreshälfte, des 2. bis 5. Monats und des 1. Monats und nicht die Gesamtnachfrage betrachtet. Das Problem des Nachfrageüberhangs in der zweiten Jahreshälfte kann deshalb auch bei dieser Entwicklungsfolge nicht über einen kontinuierlichen Aufbau der Lagerbestände gelöst werden.

Bei **Schachtelung** der Planungsstufen und deduktiver Entwicklung der Teilpläne wird bereits zu Beginn der Planung die Gesamtnachfrage während des Planungszeitraums betrachtet. Das Problem des Nachfrageüberhangs in der zweiten Jahreshälfte kann damit über einen kontinuierlichen Aufbau der Lagerbestände gelöst werden. Es kann jedoch die Situation auftreten, dass die nachgefragten Mengen der Produkte einer Produktgruppe die Menge übersteigen, die der kurzfristigen Planung aus dem mittelfristigen Teilplan vorgegeben worden ist.

Die Orientierung am Gesamtproblem sowie die Einbeziehung der aktuellen Problemlage in die Planung kann durch eine Kombination von induktiver und deduktiver Entwicklung erreicht werden. Bei dieser als **Gegenstromverfahren** bezeichneten Vorgehensweise werden langfristige Pläne erstellt, um die kurzfristigen an ihnen ausrichten zu können. Gleichzeitig werden jedoch auch kurzfristige Pläne für die aktuellen Probleme erstellt, die an die

Erfordernisse der langfristigen Pläne angepasst werden (vgl. Gaitanides [Konzepte] 2268).

2.3.4 Hierarchiedynamik

Merkmale der Hierarchiedynamik

Bei der **dezentralen Planung** ist für die Reihenfolge, in der vertikal differenzierte Teilpläne erstellt werden, die gewählte Form der Hierarchiedynamik maßgebend. Über die Hierarchiedynamik ist zu entscheiden, wenn vertikal differenzierte Teilpläne auf verschiedenen Ebenen der Managementhierarchie erstellt werden.

Mit der Entscheidung über die **Hierarchiedynamik** eines Planungssystems werden für vertikal differenzierte Teilpläne, die auf verschiedenen Ebenen der Managementhierarchie erstellt werden,

- die Reihenfolge, in der die Teilpläne erstellt werden,
- die Träger der Planerstellung und
- die Verteilung der Planungsaufgaben und -kompetenzen

festgelegt (vgl. Wild [Unternehmungsplanung] 188 f.; Horváth [Hierarchiedynamik] 640).

Bei **sequentieller Erstellung der Teilpläne**, die verschiedenen Ebenen der Managementhierarchie zugeordnet sind, kann zwischen den folgenden drei Entwicklungsfolgen gewählt werden (vgl. Wild [Unternehmungsplanung] 191 ff.; Töpfer [Kontrollsysteme] 110 ff.):

- die Top-down-Planung (retrograde Planung),
- die Bottom-up-Planung (progressive Planung) sowie
- die Gegenstromplanung.

Für die **parallele Erstellung der Teilpläne** verschiedener Ebenen der Managementhierarchie sind die beiden folgenden Entwicklungsfolgen vorgeschlagen worden (vgl. Scholz [Planning Procedures] 96 f.):

- die Gegenstromplanung mit Pufferebene und
- die Gegenstromplanung mit Planungskomitees.

Um die Vorteile der Dezentralisation zu nutzen und ihre Nachteile zu vermeiden, sollte eine Entwicklungsfolge gewählt werden, die folgenden **Anforderungen** genügt (in Anlehnung an Wild [Unternehmungsplanung] 190 f.):

[1] vertikale Koordination der Teilpläne (Zielkonvergenz),

[2] horizontale Koordination der Teilpläne,

[3] Entlastung der Unternehmungsleitung,

[4] Nutzung der Informationsvorteile unterer Ebenen der Managementhierarchie und

[5] Motivierung der unteren Managementebenen zur Steigerung der Planungs- und Realisationsleistung.

Die Forderung nach **vertikaler Koordination** verlangt, dass alle Teilpläne an den übergeordneten Unternehmungszielen ausgerichtet werden. Die **horizontale Koordination** bezieht sich dagegen auf die Abstimmung der Teilpläne, die auf einer Ebene der Managementhierarchie durch verschiedene Träger von Planungsaufgaben erstellt werden. Mit der Dezentralisation wird auch eine weitgehende **Entlastung** der Unternehmungsleitung von Aufgaben der Detailplanung angestrebt, um zeitliche Freiräume für andere Managementaufgaben zu schaffen. Durch die gewählte Entwicklungsfolge sollte die Unternehmungsleitung nicht mit Aufgaben der Detailplanung belastet werden. Die Entwicklungsfolge sollte den Mitarbeitern auf den unteren Managementebenen Gestaltungsmöglichkeiten eröffnen, um ihre **Motivation** positiv zu beeinflussen.

Entwicklungsfolgen bei sequentieller Planung

Die **Top-down-Planung** beginnt auf der oberen Ebene der Managementhierarchie mit der Erstellung von Rahmenplänen. Diese werden der nachgeordneten Ebene vorgegeben. Auf dieser Ebene der Managementhierarchie werden die Rahmenpläne detailliert, präzisiert und differenziert. Die sich ergebenden Teilpläne werden wieder der nachfolgenden Ebene der Managementhierarchie vorgegeben. Dieser Prozess setzt sich fort, bis die unterste Ebene der Managementhierarchie erreicht ist, auf der noch geplant wird (vgl. z. B. Wild [Unternehmungsplanung] 191 ff.). Den Ablauf der Top-down-Planung zeigt Abb. 26.

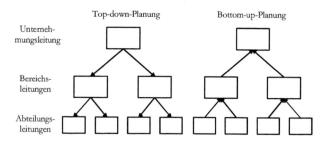

Abb. 26: Ablauf der Top-down- und der Bottom-up-Planung

[1] Auf jeder Ebene der Managementhierarchie werden die erstellten Teilpläne der jeweils nachfolgenden Ebene vorgegeben. Mit dieser Vorgabe wird die jeweils untergeordnete Ebene verpflichtet, die Pläne der übergeordneten Ebene zu konkretisieren und umzusetzen. Die Teilpläne aller Ebenen werden damit auf die Unternehmungsziele ausgerichtet, d. h., sie werden **vertikal koordiniert**. [2] Die Teilpläne unterer Ebenen der Managementhierarchie werden isoliert erstellt. Ein Beitrag zur horizontalen Koordination kann deshalb nur durch die Planung auf der übergeordneten Ebene und die Vorgabe von Teilplänen geleistet werden. Da der Detaillierungsgrad der übergeordneten Teilpläne gering ist, wird ein Bedarf an **horizontaler Koordination** u. U. nicht erkannt. [3] Um die Zielwirksamkeit und die Realisierbarkeit der Rahmenpläne beurteilen zu können, müssen diese bereits auf der oberen Ebene der Managementhierarchie weitgehend konkretisiert werden. Große Teile der Planungsaufgaben verbleiben damit auf der oberen Ebene der Managementhierarchie, so dass keine **Entlastung** der Unternehmungsleitung erreicht wird. [4] Die Nutzung der **Informationsvorteile** untergeordneter Ebenen stellt hohe Anforderungen an die Kommunikation zwischen den Ebenen der Managementhierarchie. Kann diesen nicht entsprochen werden, kann es zu Vorgaben an untergeordnete Ebenen kommen, die nicht realisierbar sind. Die Folge sind arbeits- und zeitaufwendige Rückkopplungen. [5] Den Trägern der Planung auf unteren Ebenen der Managementhierarchie werden weitgehend konkretisierte Teilpläne vorgegeben, so dass ihnen nur ein geringer Entscheidungsspielraum verbleibt. Darüber hinaus wirken sich nicht realisierbare Vorgaben ungünstig auf die **Motivation** aus (vgl. z. B. Töpfer [Kontrollsysteme] 112).

Bei der **Bottom-up-Planung** beginnt die Planung auf der untersten Ebene der Managementhierarchie. Die detaillierten Teilpläne der Abteilungen werden auf der jeweils nächsthöheren Ebene abgestimmt und zu Bereichsplänen zusammengefasst. Die Bereichspläne werden anschließend an die nächsthöhere Ebene weitergeleitet, bis schließlich der Unternehmungsplan vorliegt (vgl. Wild [Unternehmungsplanung] 194 ff.). Den Ablauf der Bottom-up-Planung zeigt Abb. 26.

[1] Die Planung vollzieht sich bei diesem Verfahren auf den untergeordneten Ebenen der Managementhierarchie ohne entsprechende Vorgaben übergeordneter Hierarchieebenen. Die Teilpläne werden nicht auf gemeinsame Unternehmungsziele ausgerichtet, eine **vertikale Koordination** der Teilpläne findet nicht statt. Es besteht deshalb die Gefahr, dass Pläne der Vorperiode nur fortgeschrieben werden, d. h. die Innovationsfähigkeit im Planungsprozess beeinträchtigt wird. [2] Die Pläne einer Ebene werden auf der übergeordneten Ebene zusammengefasst und abgestimmt. Da jedoch Vorgaben der oberen Ebenen fehlen, ist eine **horizontale Abstimmung** auf ein übergeordnetes Ziel nicht möglich. Teilpläne verschiedener Linienzweige können deshalb unverträglich sein, was arbeits- und zeitaufwendige Rückkopplungen erforderlich macht. [3] Die Aufgabe übergeordneter Ebenen reduziert sich auf die Annahme von Planungsvorschlägen (vgl. Töpfer [Kontrollsysteme] 113). Die Unternehmungsleitung wird damit **entlastet**. [4] Da die Planung auf den unteren Ebenen vollzogen wird, können ihre **Informationsvorteile** genutzt werden. Das Problem nicht realisierbarer Pläne tritt nicht auf. [5] Die Träger der Planung auf den unteren Ebenen erhalten keine Vorgaben und verfügen damit über den größtmöglichen Handlungsspielraum. Es sind deshalb positive Wirkungen auf die **Motivation** die-

ser Planungsträger zu erwarten (vgl. Wild [Unternehmungsplanung] 194 ff.; Töpfer [Kontrollsysteme] 113 f.). Die Diskussion der Top-down- und der Bottom-up-Planung hat gezeigt, dass übergeordnete Rahmenpläne nicht ohne Kenntnis der untergeordneten Pläne erstellt werden können, ohne Kenntnis der übergeordneten Pläne aber auch nicht über untergeordnete Pläne entschieden werden kann. Mit der **Gegenstromplanung** soll dieses logische Zirkelproblem aufgelöst werden. Die Gegenstromplanung kombiniert die Bottom-up- und die Top-down-Planung, um die Vorteile der beiden Ansätze zu verbinden und ihre Nachteile zu vermeiden. Es werden zwei Varianten unterschieden:

- die Gegenstromplanung mit Anstoß von oben und
- die Gegenstromplanung mit Anstoß von unten.

Beim **Anstoß von oben** beginnt der Planungsprozess auf der oberen Ebene der Managementhierarchie, auf der ein vorläufiger Rahmenplan erstellt wird. Dieser Rahmenplan legt die Planbestandteile so detailliert fest, wie es nötig und ohne Detailplanung möglich ist. Dieser vorläufige Rahmenplan wird der nachgeordneten Ebene vorgegeben, die ihn detailliert, präzisiert und differenziert sowie auf Realisierbarkeit prüft. Voraussetzung dafür ist eine bereichsbezogen durchgeführte Planung der Maßnahmen zur Erreichung der Vorgaben. Wird auf einer Ebene festgestellt, dass die Vorgaben nicht realisierbar sind, wird der vorläufige Plan an die übergeordnete Ebene zurückgegeben. Es wird ein Rückkopplungsprozess in Gang gesetzt, der sich über mehrere Ebenen erstrecken kann. Liegen die Teilpläne der unteren Ebene vor, beginnt der Rücklauf. Die Teilpläne werden hierzu an die jeweils übergeordnete Ebene weitergeleitet, welche die Teilpläne anschließend koordiniert, korrigiert und zusammenfasst. Treten zwischen den Vorgaben des vorläufigen Rahmenplans und den Teilplänen Abweichungen auf, werden die Pläne an die unteren Ebenen zurückgereicht. Der Rücklauf ist beendet, wenn die Zusammenfassung und Abstimmung der Teilpläne auf der oberen Ebene zu einem Gesamtplan ohne Abweichungen vom vorläufigen Rahmenplan geführt hat und endgültig über den Gesamtplan entschieden worden ist (vgl. Wild [Unternehmungsplanung] 196 ff.). In analoger Weise läuft die Gegenstromplanung mit Anstoß von unten ab. Den Ablauf der Gegenstromplanung zeigt Abb. 27.

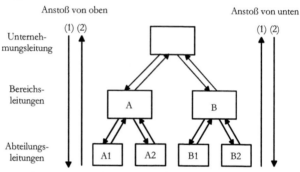

Abb. 27: Gegenstromplanung

Die Gegenstromplanung erfüllt die Anforderungen. Lediglich die Forderung nach **horizontaler Koordination** wird nur eingeschränkt erfüllt. Durch den Top-down-Vorlauf liegen übergeordnete Ziele zur horizontalen Koordination der Teilpläne einer Ebene der Managementhierarchie vor. Der Bottom-up-Rücklauf erlaubt die Identifikation von Abstimmungserfordernissen. Die horizontale Koordination vollzieht sich durch die Zusammenfassung und Abstimmung der Teilpläne einer Ebene auf der jeweils übergeordneten Ebene. Die Teilpläne einer Ebene werden damit parallel geplant. Das Prinzip der parallelen Planung wird stets nur auf die Teilpläne eines Linienzweigs angewandt (z. B. die Teilpläne A1 und A2 in A). Die Unverträglichkeit von Teilplänen verschiedener Linienzweige einer Ebene (z. B. Teilplan A1 und B2) kann erst auf höheren Ebenen der Managementhierarchie erkannt werden. Um arbeits- und zeitaufwendige Rückkopplungen zu vermeiden, ist die Gegenstromplanung um die horizontale Koordination zwischen den verschiedenen Linienzweigen zu ergänzen.

Entwicklungsfolgen bei paralleler Planung

Bei der **Gegenstromplanung mit Pufferebene** werden auf der mittleren Ebene der Managementhierarchie Planungsgruppen (Linking Pins) gebildet, die sich neben Vertretern der jeweiligen Hierarchieebene auch aus Vertretern der unmittelbar über- und untergeordneten Ebenen zusammensetzen. In diese Gruppen werden die Planentwürfe der angrenzenden Hierarchieebenen eingebracht und ein Plan erstellt, über den in dieser Gruppe auch entschieden wird. **Planungskomitees** unterscheiden sich von den Gruppen dadurch, dass sie sich aus Vertretern aller betroffenen Bereiche und Hierarchieebenen zusammensetzen (vgl. Scholz [Planning Procedures] 96 f.). Nur bei dieser Vorgehensweise können auch die Teilpläne verschiedener Linienzweige horizontal koordiniert werden. Den Ablauf dieser beiden Formen der Gegenstromplanung zeigt Abb. 28.

122 2 Merkmale von Planungssystemen

[1] Gegenstromplanung mit Pufferebene

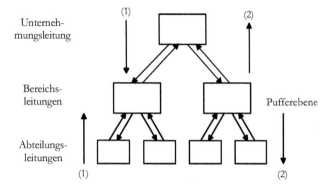

[2] Gegenstromplanung mit Planungskomitee

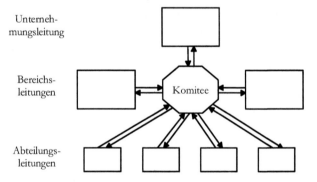

Abb. 28: Varianten der Gegenstromplanung unter Anwendung des Parallelprinzips

2.3.5 Weitere ablauforganisatorische Merkmale

Neben der Aufeinanderfolge der Teilpläne ist bei der Gestaltung von Planungssystemen auch über die folgenden Gestaltungsparameter der **Ablauforganisation** zu entscheiden:

- die Aufeinanderfolge der Planungsaktivitäten im Planungsprozess,
- die Terminierung der Planungsaktivitäten und
- die Anpassungsrhythmik.

Nach der **Aufeinanderfolge der Planungsaktivitäten** im Planungsprozess werden zwei Formen der strategischen Planung unterschieden:

- die synoptische und
- die inkrementale Planung.

Bei der **synoptischen Planung** beginnt der Planungsprozess mit der Zielbildung. Bei der sich anschließenden Problemfeststellung wird versucht, das Planungsproblem ganzheitlich zu erfassen. Es werden alle denkbaren Alternativen zur ganzheitlichen Lösung des Problems entwickelt. Bewertet werden die Alternativen mit Kriterien, die aus dem verfolgten Ziel abgeleitet sind. Eine synoptisch ausgerichtete Aufeinanderfolge der Planungsaktivitäten ist auf der strategischen Ebene der Planungshierarchie aus folgenden Gründen problematisch (vgl. Meyer zu Selhausen [Planung] 747; Welge/Al-Laham [Planung] 37):

- Die Komplexität der Planungsprobleme übersteigt die Problemlösungskapazität der Planungsträger.
- Der bei der Planung auftretende Informationsbedarf kann nicht oder nicht wirtschaftlich gedeckt werden.
- Es fehlen operationale Ziele zur Bewertung der Alternativen.

Der **inkrementalen Planung** liegen keine Ziele zugrunde. Eine Identifikation des Gesamtproblems durch einen Soll-Wird-Vergleich ist dadurch nicht möglich, so dass das jeweils drängendste Teilproblem aufgegriffen wird. Die Alternativensuche orientiert sich am Status quo, so dass nur eine begrenzte Zahl von Alternativen entwickelt wird. Die Alternativen werden nicht auf der Grundlage verfolgter Ziele bewertet. Die Bewertung vollzieht sich vielmehr in einem Verhandlungsprozess mit wechselseitiger parteiischer Anpassung der Lösung bei Berücksichtigung weniger Handlungskonsequenzen (vgl. Picot/Lange [Gestaltung] 572; Meyer zu Selhausen [Planung] 750). Der Planungsprozess setzt sich entsprechend aus einer Vielzahl von Teilprozessen zur Lösung einzelner Teilprobleme zusammen. Die inkrementale Planung stellt geringere Anforderungen an die Problemlösungskapazität der Planungsträger und die Informationsbereitstellung. Der Koordinationsfunktion der Planung genügt sie jedoch nicht.

Durch die **Terminierung der Planungsaktivitäten** sollen die Voraussetzungen für die inhaltliche Abstimmung der Teilpläne geschaffen werden. Das verlangt, dass bei sequentieller Planung die Termine für die Erstellung der verschiedenen Teilpläne entsprechend ihrer Prioritäten festgelegt werden. Besitzt beispielsweise Teilplan A (z. B. Beschaffungsprogramm) eine höhere Priorität als Teilplan B (z. B. Produktionsprogramm), so ist durch die Terminierung sicherzustellen, dass Teilplan A zeitlich vor Teilplan B erstellt wird. Bei der parallelen Planung werden zunächst unabhängig voneinander vorläufige Teilpläne erstellt, die anschließend abgestimmt und zu Gesamtplänen zusammengefasst werden. Durch die Terminierung ist sicherzustellen, dass die Teilpläne bis zum Zeitpunkt der Abstimmung vorliegen. Das Ergebnis der Terminierung aller Planungsaktivitäten ist der Planungskalender. Er enthält die Beginn- und Endtermine aller Teilplanungen sowie der Phasen der Planungsprozesse. Als Instrumente zur Terminierung der Planungsaktivitäten stehen u. a. Balkendiagramme und die Netzplantechnik zur Verfügung (vgl. Gaitanides [Konzepte] 2269 f.).

Mit der **Anpassungsrhythmik** wird festgelegt, wann Pläne kontrolliert und angepasst werden. Es werden vier Formen der Anpassung unterschieden: die Überprüfung, die Konkretisierung, die Änderung sowie die Fortschreibung. Bei der **Überprüfung** wird lediglich kontrolliert, auf eine Anpassung der Pläne wird jedoch verzichtet. Wird ein Global- in einen Detailplan überführt, liegt eine **Konkretisierung** vor. Die **Änderung** besteht darin, dass Bestandteile bestehender Pläne unter Berücksichtigung der Kontrollinformationen neu festgelegt werden. Bei der **Fortschreibung** wird schließlich ein Plan für eine weitere Teilperiode erstellt (vgl. Wild [Unternehmungsplanung] 177 f.).

Literaturverzeichnis

Adam, Dietrich: [Planung] und Entscheidung. Modelle – Ziele – Methoden. 4. Aufl., Wiesbaden 1996.

Anthony, Robert N. und *Vijay Govindarajan:* [Management] Control Systems. 12. Aufl., Boston (MA) u. a. 2007.

Bleicher, Knut: [Organisation] der Unternehmensplanung. In: Unternehmungsplanung. Hrsg. von Jürgen Wild. Opladen 1980, S. 283–318.

Bleicher, Knut: [Planrahmen]. In: Handwörterbuch der Planung. Hrsg. von Norbert Szyperski. Stuttgart 1989, Sp. 1406–1414.

Bleicher, Knut und *Erik Meyer:* [Führung] in der Unternehmung. Reinbek bei Hamburg 1976.

Brose, Peter und *Hans Corsten:* Verhaltenstheoretische Überlegungen zur [Partizipation]. Entwurf eines interaktiven Ansatzes. In: Zeitschrift für Betriebswirtschaft (53) 1983, S. 26–44.

Dinkelbach, Werner: Flexible [Planung]. In: Handwörterbuch der Planung. Hrsg. von Norbert Szyperski. Stuttgart 1989, Sp. 507–512.

Eisenführ, Franz, Martin Weber und *Thomas Langer:* Rationales [Entscheiden]. 5. Aufl., Heidelberg u. a. 2010.

Ewert, Ralf und *Alfred Wagenhofer:* Interne [Unternehmensrechnung]. 8. Aufl., Berlin, Heidelberg 2014.

Fandel, Günter: Begriff, Ausgestaltung und Instrumentarium der [Unternehmensplanung]. In: Zeitschrift für Betriebswirtschaft (53) 1983, S. 479–508.

Frese, Erich: [Unternehmungsführung]. Landsberg 1987.

Frese, Erich, Matthias Graumann und *Ludwig Theuvsen:* Grundlagen der [Organisation]. Entscheidungsorientiertes Konzept der Organisationsgestaltung. 10. Aufl., Wiesbaden 2012.

Friedl, Birgit: [Controlling]. 2. Aufl., Konstanz, München 2013.

Fürtjes, Heinz-Theo: [Planungsorgane]. In: Handwörterbuch der Planung. Hrsg. von Norbert Szyperski. Stuttgart 1989, Sp. 1464–1448.

Gaitanides, Michael: Zeitliche Koordination, [Konzepte] zur. In: Handwörterbuch der Planung. Hrsg. von Norbert Szyperski. Stuttgart 1989, Sp. 2258–2270.

Gebert, Diether: [Interventionen] in Organisationen. In: Organisationspsychologie. Hrsg. von Hans Schuler. Bern et al. 1993, S. 481-494.

Gutenberg, Erich: Grundlagen der [Betriebswirtschaftslehre]. Erster Band: Die Produktion. 23. Aufl., Berlin, Heidelberg, New York 1979.

Hahn, Dietger: [Planung] und Kontrolle. In: Handwörterbuch der Betriebswirtschaft. Hrsg. von Waldemar Wittmann u. a. 5. Aufl., Stuttgart 1993, Sp. 3185–3200.

Hahn, Dietger und *Harald Hungenberg:* [Organisation] der Planung. In: Wirtschaftsstudium (23) 1994, S. 43–48, 125–129.

Hahn, Dietger und *Harald Hungenberg:* [PuK]. Planung und Kontrolle, Planungs- und Kontrollsysteme, Planungs- und Kontrollrechnung. Controllingkonzepte. 6. Aufl., Wiesbaden 2001.

Hanssmann, Friedrich: Robuste [Planung]. In: Handwörterbuch der Planung. Hrsg. von Norbert Szyperski. Stuttgart 1989, Sp. 1758–1764.

Hauschildt, Jürgen: [Zielsysteme]. In: Handwörterbuch der Organisation. Hrsg. von Erwin Grochla. 2. Aufl., Stuttgart 1980, Sp. 2417–2430.

Hax, Herbert und *Helmut Laux:* Flexible [Planung] – Verfahrensregeln und Entscheidungsmodelle für die Planung bei Ungewißheit. In: Zeitschrift für betriebswirtschaftliche Forschung (24) 1972, S. 318–340.

Hill, Wilhelm: [Planungsmanagement]. In: Handwörterbuch der Planung. Hrsg. von Norbert Szyperski. Stuttgart 1989, Sp. 1457–1463.

Hill, Wilhelm, Raymond Fehlbaum und *Peter Ulrich:* [Organisationslehre] 1: Ziele, Instrumente und Bedingungen sozialer Systeme. 5. Aufl., Bern, Stuttgart 1994.

Horváth, Péter: [Hierarchiedynamik]. In: Handwörterbuch der Planung. Hrsg. von Norbert Szyperski. Stuttgart 1989, Sp. 640–648.

Horváth, Péter, Ronald Gleich und *Mischa Seiter:* [Controlling]. 13. Aufl., München 2015.

Kern, Werner: [Produktionswirtschaft]. 4. Aufl., Stuttgart 1990.

Kilger, Wolfgang: Flexible [Plankostenrechnung] und Deckungsbeitragsrechnung. 10. Aufl., Wiesbaden 1993.

Koch, Helmut: Integrierte [Unternehmensplanung]. Wiesbaden 1982.

Koontz, Harold und *Heinz Weihrich:* [Management]. 9. Aufl., New York u. a. 1988.

Kopel, Michael: Flexible [Planung]. In: Handwörterbuch Unternehmensrechnung und Controlling. Hrsg. von Hans-Ulrich Küpper und Alfred Wagenhofer. 4. Aufl., Stuttgart 2002, Sp. 577–585.

Kosiol, Erich: Die [Unternehmung] als wirtschaftliches Aktionszentrum. Reinbek bei Hamburg 1972.

Krüger, Wilfried: [Organisation] der Unternehmung. 3. Aufl., Stuttgart 1994.

Kuhn, Alfred: [Unternehmensführung]. München 1982.

Küpper, Hans-Ulrich u. a.: [Controlling]. Konzeption, Aufgaben, Instrumente. 6. Aufl., Stuttgart 2013.

Laux, Helmut und *Felix Liermann:* Grundlagen der [Organisation]. Die Steuerung von Entscheidungen als Grundproblem der Betriebswirtschaftslehre. 6. Aufl., Berlin u. a. 2005.

Laux, Helmut, Robert Gillenkirch und *Heike Y. Schenk-Mathes:* [Entscheidungstheorie]. 9. Aufl., Berlin, Heidelberg 2014.

Luhmer, Alfred: [Koordination]. In: Handwörterbuch Unternehmensrechnung und Controlling. Hrsg. von Hans-Ulrich Küpper und Alfred Wagenhofer. 4. Aufl., Stuttgart 2002, Sp. 1033–1041.

Mag, Wolfgang: [Unternehmungsplanung]. München 1995.

Meyer zu Selhausen, Hermann: Inkrementale [Planung]. In: Handwörterbuch der Planung. Hrsg. von Norbert Szyperski. Stuttgart 1989, Sp. 746–753.

Müller-Böling, Detlef: [Organisationsformen] von Planungssystemen. In: Handwörterbuch der Planung. Hrsg. von Norbert Szyperski. Stuttgart 1989, Sp.1310–1320.

Ossadnik, Wolfgang: Die Aufstellung flexibler [Unternehmenspläne]. In: Wirtschaftswissenschaftliches Studium (19) 1990, S. 380–383.

Perlitz, Manfred: [Organisationsformen] von Planungssystemen. In: Handwörterbuch der Planung. Hrsg. von Norbert Szyperski. Stuttgart 1989, Sp. 1310–1320.

Pfohl, Hans-Christian: [Planung] und Kontrolle. Stuttgart 1981.

Pfohl, Hans-Christian und *Wolfgang Stölzle:* [Planung] und Kontrolle. 2. Aufl., München 1997.

Picot, Arnold und *Bernd Lange:* Synoptische versus inkrementale [Gestaltung] des strategischen Planungsprozesses – Theoretische Grundlagen und Ergebnisse einer Laborstudie. In: Zeitschrift für betriebswirtschaftliche Forschung (31) 1979, S. 569–596.

Rau, Karl-Heinz: Gestaltung der [Unternehmungsplanung]. Eine empirische Untersuchung in Industrieunternehmungen. Berlin 1985.

Robbins, Stephen P. und *Mary Coulter:* [Management]. 13. Aufl., Boston (MA) u. a. 2016.

Rühli, Edwin: [Funktionen] der Planung. In: Handwörterbuch der Planung. Hrsg. von Norbert Szyperski. Stuttgart 1989, Sp. 566–578.

Rühli, Edwin: [Koordination]. In: Handwörterbuch der Organisation. Hrsg. von Erich Frese, 3. Aufl., Stuttgart 1992, Sp. 1164–1175.

Schanz, Günther: [Partizipation]. In: Handwörterbuch der Organisation. Hrsg. von Erich Frese, 3. Aufl., Stuttgart 1992, Sp. 1901–1914.

Schildbach, Thomas und *Ralf Ewert:* [Preisuntergrenzen] in sequentiellen Entscheidungsprozessen. In: Zeitaspekte in betrieblicher Theorie und Praxis. Hrsg. von Herbert Hax, Werner Kern und Hans-Horst Schröder. Stuttgart 1988, S. 231–244.

Scholz, Christian: [Planning Procedures] in German Companies – Findings and Consequences. In: Long Range Planning (17) 1984, Heft 6, S. 94–103.

Schreyögg, Georg: Der [Managementprozess] – neu gesehen. In: Managementforschung 1. Hrsg. von Wolfgang H. Staehle und Jörg Sydow. Berlin/New York 1991, S. 255–289.

Siegwart, Hans und *Inge Menzl:* [Kontrolle] als Führungsaufgabe. Führen durch Kontrolle von Verhalten und Prozessen. Bern, Stuttgart 1978.

Steinmann, Horst, Georg Schreyögg und *Jochen Koch:* [Management]. Grundlagen der Unternehmensführung. Konzepte – Funktionen – Fallstudien. 7. Aufl., Wiesbaden 2013.

Szyperski, Norbert: Planung, [Organisation] der. In: Handwörterbuch der Betriebswirtschaftslehre. Hrsg. von Erwin Grochla und Waldemar Wittmann. 4. Aufl., Stuttgart 1975, Sp. 3016–3026.

Szyperski, Norbert und *Detlef Müller-Böling:* [Planungsorganisation] Gestaltungsparameter der Planungsorganisation. Ein anwendungsorientiertes Konzept für die Gestaltung von Planungssystemen. In: Die Betriebswirtschaft (40) 1980, S. 357–372.

Szyperski, Norbert und *Udo Winand:* [Grundbegriffe] der Unternehmungsplanung. Stuttgart 1980.

Töpfer, Armin: Planungs- und [Kontrollsysteme] industrieller Unternehmungen. Eine theoretische, technologische und empirische Analyse. Berlin 1976.

Töpfer, Armin: [Planungsträger]. In: Handwörterbuch der Planung. Hrsg. von Norbert Szyperski. Stuttgart 1989, Sp. 1542–1548.

Troßmann, Ernst: [Prinzipien] der rollenden Planung. In: Wirtschaftswissenschaftliches Studium (21) 1992, S. 123–130.

Vroom, Victor H.: [Führungsentscheidungen] in Organisationen. In: Die Betriebswirtschaft (41) 1981, S. 183–193

Vroom, Victor H. und *Arthur G. Jago:* Flexible [Führungsentscheidungen]. Stuttgart 1991

Wagner, Dieter: [Partizipation]. In: Handwörterbuch Unternehmensführung und Organisation. Hrsg. von Georg

Schreyögg und Axel von Werder. 4. Aufl., Stuttgart 2004, Sp. 1115–1123.

Wall, Friederike: Planungs- und [Kontrollsysteme]. Informationstechnische Perspektiven für das Controlling. Grundlagen – Instrumente – Konzepte. Wiesbaden 1999.

Weibler, Jürgen: [Personalführung]. 2. Aufl., München 2012.

Welge, Martin K.: Unternehmungsführung. Band 1: [Planung]. Stuttgart 1985.

Welge, Martin K. und *Andreas Al-Laham:* [Planung]. Prozesse – Strategien – Maßnahmen. Wiesbaden 1992.

Wiendieck, Gerd: [Akzeptanz]. In: Handwörterbuch der Organisation. Hrsg. von Erich Frese. 3. Aufl., Stuttgart 1992, Sp. 89–98.

Wild, Jürgen: Grundlagen der [Unternehmungsplanung]. 3. Aufl., Opladen 1981.

Witte, Eberhard: [Phasen-Theorem] und Organisation komplexer Entscheidungsverläufe. In: Innovative Entscheidungsprozesse. Die Ergebnisse des Projektes „Columbus". Hrsg. von Eberhard Witte, Jürgen Hauschildt und Oskar Grün. Tübingen 1988, S. 202–226.

Witte, Eberhard: [Entscheidungsprozesse]. In: Handwörterbuch der Betriebswirtschaft. Hrsg. von Waldemar Wittmann u. a. 5. Aufl., Stuttgart 1993, Sp. 910–920.

Wollnik, Michael: [Plandurchsetzung]. In: Handwörterbuch der Planung. Hrsg. von Norbert Szyperski. Stuttgart 1989, Sp. 1381–1397.

Stichwortverzeichnis

Stichwortverzeichnis

Abweichungsanalyse 43
Alternative 37
Alternativensuche 37
Anpassungsrhythmik 125
Aufstellungszeitraum 60
Ausgangsziele 34
Bereichsmanager 18
Bewertung 38
Blockplanung 78
Bottom-up-Planung 116, 118
Controlling 49, 96, 108
Delegation 17 f., 28
Detailplan 52, 76
Differenzierung 27, 53 f.
– sachlich-horizontale 55, 63, 110
– sachlich-vertikale 57 f.
– zeitlich-horizontale 56, 59
– zeitlich-vertikale 59, 67, 111
Endkontrolle 44
Entscheidung 17
– bedingte 82
– definitive 82
Entscheidungsbaum 83 f., 89
Entscheidungsbefugnisse 13, 28
Entscheidungsdezentralisation 28
Entscheidungsfindung 16, 31
Entscheidungskoordination 27, 53
Entscheidungsprozess 17
Eventualplanung, sequentielle 82, 86, 92
Feinplan 53
Flexibilität 26, 70
Führung 15
Gegenstromplanung 113, 119 ff.
– mit Planungskomitee 122
– mit Pufferebene 122
Globalplan 52, 76
Grobplan 53
Gruppenplanung 64
– parallele 64 ff.
– serielle 64 f.
Hierarchiedynamik 114
Informationsvorteile 99
Integrationsgrad 67
Interdependenzen 58
Kontrolle 15, 40 ff.
– begleitende 44
Kontrollformen 43
Kontrollgrößen 42
Kontrollobjekte 42 f.
Koordination 13
– durch Hierarchiebildung 108
– durch Pläne 28
– durch Planung 28
– horizontale 13, 27, 56

– vertikale 13, 27
Leitungsbefugnisse 13, 17
Management 10, 13 ff.
Managementfunktion 14 f., 19
Managementprozess 15 f.
Managementhierarchie 17 f., 114 ff.
Maßnahmenkontrolle 44
Organisation 14
Partizipation 103
Personaleinsatz 14
Plan 21
Planfortschreibung 125
Planfortschrittskontrolle 44
Planhierarchie 57, 67, 69
Planrahmen 63
Planung 14, 19, 20
– anschließende 73 f.
– Aufbauorganisation der ~ 99
– Ausgleichsgesetz der ~ 110
– deduktive 112 f.
– dezentrale 106
– Effektivitätsziele der ~ 98
– Effizienzziele der ~ 98
– flexible 74
– Funktionen der ~ 27 ff., 98
– induktive 111
– inkrementale 124
– operative 60
– Organisation der ~ 99
– parallele 64, 115, 121, 124
– revolvierende 79 f.
– robuste 92 f.
– rollende 75 ff.
– sequentielle 64, 79, 114, 124
– serielle 64
– starre 73 f.
– strategische 60, 123
– taktische 60
– synoptische 123
– zeitlich-progressive 111
– zeitlich-retrograde 111
– zentrale 101
Planungsabteilung 101 f.
Planungsaufgaben
– abgeleitete 96
– ursprüngliche 96
Planungskalender 125
Planungskollegien 107 f.
Planungsmanagement 96
Planungsorgane 107
Planungsprämissen 22, 44
Planungsprozess 33, 39 f.
Planungssequenz 63
Planungsstab 101 f., 107
Planungssystem 48 f.
– formales 48 f.
– informales 48 f.
Planungsteam 107

Planungszeitraum 60
Planungszyklus 60
Prinzip der Engpassorientierung 110
Problemfeststellung 36
Prognose 32
Prozessverbund 11, 55 f.
Realisationskontrolle 45
Realisationsrisiko 40, 98
Reihung 67 f., 71, 76, 112 f.
Restriktionenverbund 11, 55 f.
Roll-back-Verfahren 85
Sachinterdependenzen 11, 27, 55
Schachtelung 67, 69, 71, 112
Schwerpunktplanung 51
Staffelung 67 f., 112 f.

Top-down-Planung 116
Umweltzustand 22
Unternehmungsprozess 10, 16, 18
Verantwortungsbereich 18
Verbundvorteil 12
Verhaltensinterdependenzen 28
Verkettung 67 f., 70
– intrazyklisch 71
– interzyklisch 71
Vollplanung 51
Weisungsbefugnis 13
Wirkungskontrolle 44
Zielbildung 33
Ziele 22
– individuelle 12
Zielverbund 12, 55, 57
Zustandsbaum 88

Für die Zukunft gewappnet

Wilhelm Schmeisser, Dieter Krimphove,
Claudia Hentschel, Matthias Hartmann
Handbuch Innovationsmanagement
424 Seiten, Hardcover
ISBN 978-3-86764-421-1

Wie wird die technische Entwicklung der nächsten Jahre aussehen? Welche Erfindung bringt welche Wettbewerbsvorteile? Fragen wie diese sind für Entscheider in Unternehmen überlebenswichtig. Es gilt, in enger Zusammenarbeit mit der Wissenschaft die Ideen und Produkte hervorzubringen, die im Markt der Zukunft bestehen können. Die Qualität des Innovationsmanagements entscheidet heute mehr denn je über den unternehmerischen Erfolg.

Das »Handbuch Innovationsmanagement« erleichtert den Einstieg in das Thema und beleuchtet es aus unterschiedlichen Perspektiven. Forschung und Entwicklungsmanagement werden ebenso erläutert wie das Innovationsmarketing oder die personellen und organisatorischen Rahmenbedingungen des Innovationsprozesses.

www.uvk.de

Verhandeln wie professionelle Ein- und Verkäufer

Jörg Pfützenreuter,
Thomas Veitengruber
Die Everest-Methode
Professionelles Verhandeln
für Ein- und Verkäufer
2015, 230 Seiten, flex. Einb.
ISBN 978-3-86764-549-2

Der Erfolg gibt ihnen Recht: die Everest-Methode von Jörg Pfützenreuter und Thomas Veitengruber ist bei Konzernen und Mittelständlern gleichermaßen gefragt. Seit Jahren coachen sie Vertriebler und Einkäufer und lassen die eine Seite in die Karten der anderen schauen. Am Ende entscheidet die strategische, taktische und psychologische Raffinesse, wer als Sieger vom Verhandlungstisch aufsteht.

Ein Buch für alle, die im Einkauf oder Vertrieb arbeiten und ihr Verhandlungsgeschick um den alles entscheidenden Gipfelmeter voranbringen wollen.

www.uvk.de